今天也對媽媽發火了

오늘도 엄마에게 화를 내고 말았다

張海珠 著

簡郁璇 譯

前言　諷刺的是，就是因為愛妳，才更容易氣妳

每到鼻尖開始感受到寒風吹來的十一月，媽媽就開始忙碌起來，為的就是醃泡菜。而每到這個季節，媽媽和我就格外容易吵架。家家戶戶都很常見的醃泡菜行程，到了我們家就變得有些特別，還會有一些鋪張費事的宴席，因為媽媽的「醃泡菜日」一點都不平凡。

「媽，妳這次要醃幾顆泡菜？」

「嗯……一百五十顆。」

媽媽隨口丟出這句話，彷彿一百五十顆沒啥好大驚小怪，沒啥了不起。假如媽媽要自己一個人醃完一百五十顆泡菜，可得整整兩、三天都不能好好睡一覺，是必須全心全意都拿來醃泡菜才能完成的龐大工程。等終於醃完那些泡菜，媽媽的身體也會隨之嘩啦啦地垮掉，每年總要病上幾天才能痊癒。

「真是被妳搞瘋掉，我不是說不要每次都這麼想不開，自己做到病

倒嗎？為什麼媽妳每次都要把自己的身體操得半死？」

聽到我不滿嘟囔，媽媽擺出不太好看的臭臉回答：「要是妳這麼擔心，就不要只出一張嘴，回來幫忙醃啊。老是嚷嚷擔心是會有什麼不同？」

要是我能說一句：「辛苦老媽了，多虧老媽今年也能享用美味的泡菜，實在很感謝！」就好了，可是我的嘴巴總和我的心唱反調。嘴上說一套，心裡又是另一套，總是用發火來表現我的擔憂。為什麼我唯獨最容易對媽媽發脾氣？關於這點，我也常覺得很諷刺。

但就是因為愛，才更容易動怒。那些擔憂與沉痛的心情，總會瞬間爆發，以煩躁或不耐煩的形式表現。因為我理所當然且安逸地把媽媽當成跟我是同一國的，言行舉止才會這麼隨便。

原本以為走過二字頭、邁入三字頭，到了現在的年紀，我就能成為一個把媽媽照顧得無微不至的女兒，結果卻恰恰相反，我成了三天兩頭就發脾氣的女兒。

之所以常發脾氣，是因為我把媽媽吃苦當吃補的人生都看在了眼裡。看到媽媽的身影一年要比一年嬌小，更從中看到我蠶食了媽媽歲月的模樣，我感到很揪心。

我很希望如今媽媽可以活得輕鬆一點，因為我深愛著媽媽。我們依然吵得很激烈，互相折磨，但碰到被遺棄在沒有溫暖的冰冷世界裡時，又會鑽進彼此懷裡取暖。我們就這樣度過了無數歲月，同時慢慢了解時而感到陌生的彼此。

愛得深，恨得也深，媽媽與我，也因此變得更加珍貴。

現在，我打算開始說另一個故事，說出因為被喚為「母女」，所以必須經歷、非碰撞不可的內心告白。

但願這些掛在門閂上、藏在抽屜深處的故事，能在某個人沉睡的心上與星辰一同閃爍；但願那束美麗的光芒能填滿你黑暗的抽屜，而原本冰冷的生活也因此有了溫度。

在傷痛與傷痛相遇、交織、滾動的某個時空，但願那些傷痛能擁抱彼此，迎來傷痛昇華為花朵的那一刻。

我由衷地期盼。

如花般的女兒獻給如寶石般的媽媽——

「今天，我們也要相親相愛。」

二〇二一年，某個美麗的秋日

張海珠

目錄

Part 2

用我的方法擁抱媽媽

Part 3

關於當女兒這檔事

Part 4

別再把心意只放在心裡了

Part 1

當時沒能說出口的
如今才終於說出來

媽媽才能看見媽媽

「為什麼媽要去體諒那些人？妳不知道妳女兒都走了一趟鬼門關嗎？」

在我念大學時，我碰上當時對我來說非常可惡、根本不該牽扯上的橫禍，生平第一次住進醫院，且傷勢需要五週才能痊癒。明明就連要求加重那個加害人的刑罰都來不及了，媽媽居然在這種情況下決定和解。

事情的來龍去脈是這樣的——

出院後，加害人的媽媽聽到消息趕來，口口聲聲地說現在才知道自己的孩子對別人家的孩子做了壞事。

我沒有自面對那位媽媽，就躲到了遠處，接著傳簡訊交代媽媽：

「我絕對不會和解，媽妳絕對不要有跟對方和解的想法。」

收到媽媽說「知道了」的回覆後，我痛快地吐出了憋了多時的氣。時間不知道過了多久，宛如過了一億年般，媽媽那邊傳來了某種聲音，說什麼「真是太太太感謝了，這輩子絕對不會忘記這份恩惠」之類的。

……不會吧？我以略為不安的眼神望向媽媽的方向，接著像是要克制自己似的將手心覆在心臟上，安撫自己：「不會的，女兒明明都已經那麼堅定地表達說沒有要和解的意思了。」

送走加害者的母親後，媽媽緩緩朝我走來。

「怎麼樣？妳跟他說不肯和解了吧？」

媽媽用濕潤的雙眼目不轉睛地看著我，看到媽媽的眼神，更加深了我內心的不安。我悄悄將目光投向剛才媽媽坐的位置上，不斷追問：「幹麼把人搞得緊張兮兮？妳很明確、肯定地告訴對方說不和解了吧？」

「女兒啊……」

「吼！我就知道會這樣！妳到底是怎麼回事？妳知道妳的女兒，因為那個阿姨的孩子真的差點死掉嗎？」我掩不住心中的激動，憤然甩下媽媽走掉了。

哪有媽媽這樣的啊……我既委屈、憤怒又傷心，真是恨死媽媽了！淚水也嘩啦啦地流個不停。孩子差點死在別人手上，媽媽卻可以原諒這件事？我想來想去都無法理解。

那天，媽媽好幾次來到我緊閉的房門前徘徊，最後黯然離去。

隔天，媽媽和我在飯桌前面對而坐，一股尷尬的沉默氣流在我倆之間蔓延。看到還沒拆石膏、筷子沒辦法使用自如的我，媽媽悄悄夾了雞蛋捲放進我碗內。

我不用看也知道媽媽臉上是什麼表情，以什麼眼神看著我。此時坐在我對面的媽媽，內心想必如坐針氈。

我用力舀起漂亮地擺放在碗內的雞蛋捲送進嘴裡，大口大口咀嚼，和一大把怒火一起吞嚥之後，才開口：「好，我知道了，就算退一百步，不，退一千步，就當媽的決定是正確的，和解也是對的好了，那和解金呢？該不會連我的醫藥費都沒收吧？」

「那個……」

「連這個也放過他們？媽，這樣真的不對吧。」

沒錯，由於健保不給付因傷害衍生的醫藥費，必須完全由患者負擔，住了足足五週的醫藥費可是好幾百萬韓元。儘管從說要和解的那一刻開始，考慮到對方家裡的「處境」，已經可以預想得到幾乎收不到和解金，但好歹也該收個醫藥費吧？畢竟這是那人做錯事應付的代價。更何況我們都願意和解了，卻連醫藥費都收不到，想到此，我只覺得血液不斷地直衝腦門。

我到底做錯了什麼？我不過是每天認真地生活而已，這樣的我為什麼必須諒解、承擔，必須「經歷」這一切？

或許是看出我心中的想法，媽媽心平氣和地說，她打開加害者媽媽拿來當和解金的信封袋，看到只有九十萬元，自己剛開始也很氣，可是看到那位媽媽突然在自己面前下跪，眼淚掉個不停地求饒，還說這是他們全部的財產，她也知道自己真的很無恥，愧疚得連對不起三個字都說不出口。

那位媽媽說孩子本來不是品行惡劣的壞孩子，是生活太苦，又遇上沒出息的父母才變成這樣，要是自己能陪在孩子身邊，孩子就不會變成這樣了。明知孩子辛苦，身為媽媽卻沒有好好照顧孩子，是自己的罪孽深重。

媽媽說，聽了那位媽媽說的話，老是覺得和自己的過去重疊，鼻尖瘦得刺痛起來。離婚後經歷的那種失落與傷痛，似乎也能從那個坐在自己眼前的女人的艱辛人生中看見。儘管想到她的孩子傷害了我女兒，就覺得不可饒恕，竄起的怒火也彷彿要把心給燒得焦黑，但身為一個孩子的母親，又覺得從她身上看見了自己，只因媽媽的心都是相同的，自己懂得那種心情。

媽媽認出了媽媽的心情，因為是媽媽，因為這個稱謂，所以只能心軟的那種心情。

「女兒，對不起……媽不求妳理解。如果妳很氣，就對媽媽生氣吧。」

我放下湯匙，語氣冷淡地說：「老實說，我真的無法理解現在媽媽在想什麼，也不知道什麼時候才能懂得媽媽這種心情，說不定一輩子都不會懂，只不過，我希望媽媽不要為了現在的決定後悔。」

轉眼過了十多年，記得有次我曾向媽媽問起當年的事，媽媽說自己依然不後悔，就算再次回到當時，她應該也會做出同樣的決定。

我注視著媽媽的臉好幾秒鐘，做出了這樣的結論：我依然無法理解，而且或許有人會跟我一樣，也無法理解我媽的這種心情。

但還能怎麼辦呢？誰叫我媽是個心地過於溫暖的人。

有其母，真的會必有其女

小時候媽媽常對我說一句話：只要贏得人心，就等於擁有了全世界。無論是什麼事、什麼樣的關係，在人生中都沒有比贏得人心更重要的。只要能獲得對方的心，就沒有做不到的事。

媽媽所說的「贏得人心」，就是即使得把心整個交出去，也要展現出真心，不帶偏見地用愛去待人，不要忘記溫柔。

有人來家裡作客，什麼都不做就直接把人送走這種事，在媽媽家裡絕對不可能發生。媽媽至少都會請對方喝杯三合一咖啡再走，見到肚子餓的流浪動物，也會親切地給牠們食物。

我媽真是溫柔啊，對所有生命皆如此。大概就是因為這樣，在媽媽家裡曾喝過那一杯咖啡的人，會將自家種植的優良農產品寄給媽媽；那些蹭得一頓飯吃的流浪動物，還會把媽媽家附近出沒的老鼠或鳥兒抓來，丟在院子裡。

我媽是無比溫柔的人，足以讓所有生命都心懷感激地前來報恩。而媽媽帶給我的影響，也常在人生中反過來幫我一把。

大學時期，我足足接了三份兼職工作，要工作還要讀書，忙得死去活來。若沒拿到學期獎學金就得自己生出學費，所以只能咬牙撐下去。雖說學費不夠還是可以找父母幫忙，但我的情況稍有不同，因為我死也不肯說出來。

要對剛再婚不久的媽媽伸手要錢，總覺得很愧疚，也得看人眼色，更怕被別人說我是媽媽的拖油瓶。

但在那一年，最後還是碰上了問題。我沒拿到學期獎學金，就算把戶頭所有餘額都湊起來，與要交的學費還差上一大截。我該休學還是該怎麼辦呢？就在我苦惱之際，我的死黨打了電話過來。

「妳的聲音怎麼這樣？」

「沒有啦……」

「有什麼事吧，怎麼了？」

「繳學費的錢不夠，我打算休學。」

聽到休學二字，朋友暴跳如雷，她用「想都別想」的語氣說：「休學？妳瘋啦！學費我幫妳付！」幾天後，朋友二話不說地把存摺擺到我面前，要我用這筆錢付學費，還問我幹麼休學。

我的淚水瞬間湧上，在眼眶不停打轉。朋友高中畢業後靠擔任經理職賺錢，手頭也不寬裕，我明知朋友的處境，怎麼能毫無顧忌地收下存摺呢？我很猶豫，只能直勾勾地盯著存摺看。

這時朋友笑咪咪地說：「我又不是直接給妳，而是投資在妳身上，是在投資未來的作家。所以啊，妳一定要成為寫出好文章的作家，知道嗎？」

我帶著愧疚與感激不斷點頭，淚水滴滴答答地落在手背上，眼淚的水龍頭一旦打開，便如洩洪般一發不可收拾。我一邊忍住抽噎聲，一邊結結巴巴地問朋友，怎麼能把這麼大一筆錢給我。

朋友不以為意地回答：「妳之前不是也這樣嗎？」

朋友開始淡淡說起自己的徬徨期，那時自己碰上的試煉既殘酷又嚴苛，那段辛苦到不行的時期，最後留在她身邊、唯一沒有離開朋友位置的就只有我。朋友說，因為我默默守護在她身旁，自己才能活下去，我是如此溫暖又溫柔的人。我付出的溫柔是免費的，我卻憑它獲得了能走一輩子的珍貴朋友。

就在那天，我徹底明白了，媽媽用自己的人生訴說的一切溫柔與溫暖，指的就是這麼一回事。

此時此刻，我有些話想對我那溫柔的媽媽說。從過去到現在的日子說長不長，說短也不短，但始終非常慶幸有媽媽在我身旁。假如不是媽媽，或許我會滿是傷痕、帶著無數尖刺去對待他人，以扭曲且受傷的眼光看待這個世界。

我好感謝媽媽，讓我不必帶著那種悲慘的心情活著，讓我能以帶有些許溫暖的眼光去看待世界，讓我成長為一個溫柔的人。

有如此溫柔溫暖的媽媽，我真的好開心也好幸福。

自此之後，我開始喜歡這麼幾句話——
有其菜必有其飯，物以類聚，志同道合，
有其母必有其女，所以我們必然是溫柔的。

因為妳是我女兒，所以沒關係

進入秋天的雨季後，雨一直下個不停，令人厭煩。百無聊賴之際，我開始整理老舊的物品，一一取出塞在儲藏室角落的盒子打開來看。從小學開始到二十出頭，我和某人通信的信件和大頭貼頓時傾巢而出。偶然之下遇見了我的年輕時期，令我感到神奇又開心。

我就這麼把整理物品的事拋到腦後，一屁股坐在打開的盒子旁邊，決定來趟時光旅行。其實要不是碰上這種時機，也不知道何時會再細看這盒子內的東西。天時地利人和，正好「雨季」這個藉口碰上「整理」這個應盡的本分，我忍不住想，錯過這機會實在太可惜了。

我開始讀信件裡的內容，忍不住咯咯笑，看著露出搞笑表情的照片，又不由得笑出聲音。我忘記了時間的存在，哈哈大笑了好一會，最後因為一張滑落在地的照片而停下動作，視線也跟著停留在那張照片上。

那是我剛滿二十歲時，和一群朋友在某個夜店拍的照片。當年的我和朋友們成群結夥跑遍各大夜店，對剛成年的我們來說，生平第一次接觸娛樂場所的滋味可說是刺激無比，也因此每天都成為開趴日。

直到某一天，發生了一個極為尷尬的情況——熬夜一整晚，直到早上才搭首班車回到家的我，與正要外出的媽媽在玄關碰個正著。媽媽看著怯生生不敢走進家門的我，這樣開口：「年輕也是一時的，不趁現在玩，還有什麼時候能玩？」

隔天，媽媽甚至買了熱褲和顏色鮮豔的指甲油給我，告訴我只要能做的就都盡情去嘗試，等以後年紀大了，就算有誰要買給我也沒辦法穿、沒辦法塗了。別等到結婚生子才想到自己什麼都沒試過，老了才四處風流。所以說啊，不要等上了年紀才做一些不體面的事，趁現在最漂亮耀眼時去試試看，這些事也要現在做才有價值，每件事都有它的時機。

接下來幾個月，我得以不受任何干涉，盡情玩到瘋，都多虧了媽媽的熱情助陣（？）。

就在我玩了又玩，最後總算玩膩了，自己開始慢慢收手的某一天，我突然有件事想問媽媽。

「媽，妳看到女兒每天熬夜、成天跑出去玩，都不會擔心嗎？」

「何止擔心？在妳回家前，媽媽都不敢睡覺，擔心得整顆心都揪在一起。」

假如到了心都揪在一起的程度，媽媽應該早就拿起藤條了，為什麼這段時間都忍了下來？

「怎麼不打我，叫我清醒點。」

「有些事就算打了也沒用，而且我相信我女兒。」

媽媽說她相信我，相信自己的女兒，相信身為媽媽女兒的我。

還有比這時看起來更帥氣的媽媽嗎？只是純粹、全然的相信，不作他想，即使整顆心都揪在一起，也不肯放棄，原來就是這麼一回事。

因為妳是我女兒，所以沒關係。

我穿上了媽媽給我的那襲厚實信賴的鎧甲，成為了我，活到現在，媽媽為我打下讓自尊心能不受損的某種堅實基礎，使我在面臨任何路口時都能自行選擇、自行決定、自行負起責任。我成了不只身體長大，而是身心都跟著平衡發展的健康大人。

儘管媽媽偶爾和我吵架或意見不合時，就會瞪著我說我是個脾氣拗到不行的女兒，根本沒有長大。

偶爾我會想，假如那個時期的我，沒有媽媽的耐心等待，或者每次只會怪我、罵我、唸我的話，我會變成什麼樣的人呢？（我想先澄清，我不是說我媽的方法就一定是對，只不過每個子女，或是每個人的性格和喜好都不同，必須選擇適合那個人的方法。）

儘管我對那段讓媽媽揪著一顆心的時光感到愧疚，還是很感謝媽媽的支持，讓現在的我能活出自己。

大口吃下媽媽的安慰

我很喜歡做料理。準確來說，我喜歡做料理給別人吃，特別是替內心受傷的某個人。不太確定這個的習慣是從何時開始的，或許是從朋友沒事先說一聲就跑來找我，說自己肚子餓的那天開始。

那天，說自己肚子餓的朋友也沒有真的吃幾口飯，在我們相對而坐的餐桌前，朋友滿嘴塞滿了飯，突然像個孩子一樣嚎啕大哭起來，說自己不知道有多久沒吃到熱騰騰的飯了，我做的料理實在太好吃了。

做料理這個行為本身總令我想起媽媽，應該說是一種想甩也甩不掉的命運，因為有時候，甚至還得跟不在身旁的媽媽較量。

媽媽非常熱愛做料理。

或許是因為這樣，到媽媽家作客的人潮總是絡繹不絕，有剛好經過順道拜訪的，有為了某事氣結而找上門抱怨的，有人會來拿媽媽要分送的東西，也有人面對束手無策的孤單，猶豫到最後跑來找媽媽的。

正值農忙時期，為了果園的工作，媽媽想必身心都已經累成一灘爛泥，卻經常為了來家裡的客人走進廚房。她會在冷藏室、冷凍室翻啊找啊，取出各式食材，開始去蕪存菁、搗碎、汆燙、熱炒、調味，接著沒幾下，就擺好了一桌飯菜。

面對一桌熱騰騰的菜餚，原本說自己沒胃口的人，也會一轉眼就將一碗飯吃個精光，接著依序把小菜、湯碗也都清空。媽媽總會看著對方，眼睛彎成一條美麗的細線，嘴角也彷彿很滿意似的揚起。

這是媽媽最開心無比的瞬間。她把某人溫度下降的心加溫至三十六．五度，那是媽媽自己體內稍微高出一點的溫度，恰恰好地融入到他人身上。

媽媽這套做法不只適用於找上門的人，她還會打電話給正在傷心、好幾天沒見的朋友，問對方有沒有想吃的，然後當天下午就會去買菜，把食物做好打包，再叫快遞送過去。

我曾經問這樣的媽媽，到底幹麼要為了沒辦法替別人做一頓飯而急得跳腳？在我們家，有時連重達二十公斤的白米都吃不到半個月就會用光，整個塞滿的冰箱才三、四天就變得空蕩蕩的，兀自發出咕嚕咕嚕的叫聲。而且就像是為了隨時有人來都能做好萬全準備似的，媽媽家中總存著各式各樣的食材。

直到有一天，我偶然領悟到，原來我在心靈受傷時，也會因某人替我做的一頓溫暖飯菜而獲得安慰——從觸及鼻尖、剛煮好的香甜米飯味；從呼呼吹著入口的滾燙火鍋；從清淡有味，連飯都不用配也能一夾再夾的配菜。清空一碗飯之後，肚子裡也跟著暖呼呼起來，受傷的心也緩緩地融化消逝，彷彿什麼事都沒發生似的，就連「受傷的心情」都感到羞赧，頓時黯然失色。

媽媽選擇用一頓熱騰騰的飯菜來安慰人是有原因的，她不是用聲音，而是想以心意、用濃厚的情感，替傾頹的心靈堤防與牆面重新漆上新土與水泥，好好地守護黃金時刻。就像進行緊急救護措施般，避免內心的小小裂痕，最後演變成一場心靈徹底坍塌的大災難。

只要是人，偶爾就會碰到這種無法用言語傳達安慰的時候，只是在旁邊輕輕碰一下，淚泉就會如瀑布般傾瀉的日子。心靈實在過於飢餓，然後很奇怪的，連肚子也會真的變餓。

雖然人們總是會說，「沒事的，一切都會很順利的」，或「事情終究會過去，時間是良藥」、「把一切輕輕抖落，全部忘了吧」……是啊，就算把一小角的痛苦記憶從人生剔除，也不會對生活造成任何影響，但那無數話語中的空虛，還是會有倍感淒涼的時候。

這時，媽媽就會為了某個人做料理。不必特意開口，只要將熱氣騰騰、飽含水分與黏性的米飯擺在那人面前，再把能暖暖覆蓋米飯的滾燙馬鈴薯湯，也盛上滿滿一碗放在一旁，然後夾一點滑嫩得足以盈滿乾澀口腔的雞蛋捲，再夾一點肉類小菜，原本疲乏無力的身體，就能如威猛老虎般力大無窮。在每種食物中盛入心意，裝入誠意，把溫暖也給放進去。

當食物帶著剛剛好的溫度，心情愉悅地滑下食道，熱氣就會悄悄傳到胃腸，傳到肺部，傳到心臟。咀嚼溫暖，嚥下暖意，吞下柔軟，填滿堅強。用食物溫暖地、溫柔地、輕輕地拍撫，好讓整顆心都能圓滿。

偶爾，會碰上我想對媽媽說「今天輪到我了」的日子。
疲於人際關係的日子；因某人的一句話扎進心底而刺痛不已的日子；僅是吸入換季的蕭瑟空氣，就覺得肺部要結冰的日子；莫名感到失落空虛的日子；還有沒來由的，突然想念媽媽的日子。
「我現在好需要好需要，媽媽煮的一頓熱呼呼的愛。」

不想一直當「堅強懂事」的女兒

不肯示弱的人。我身邊的朋友經常這樣形容我，而那句話總令我感到苦澀，因為事實上，我並不是「不肯」示弱，而是「沒辦法」。

「因為妳是個堅強的人。」

「海珠這人，絕對不會說沮喪的話。」

但我偶爾也會感到疲累，需要安慰，可是那些對我的評價卻如咒語般嵌入我的心臟，讓我很難說出口。就算想向誰吐露心中的苦，卻忍不住猶豫，擔心對方第一次看到我這樣會慌了手腳。

這讓我養成一種習慣。越痛苦就笑得越開懷，用「我沒事」來掩蓋受傷，「假裝」得更堅強，「假裝」自己一點事也沒有。

或許是因為這樣，我媽也當真了，覺得我很堅強，什麼事都能辦到。

我向來就不提自己有多辛苦，生了病也不說，所以媽媽似乎不太明白，我為了「辦得到」，過去費盡了多少心思，又是如何拚死拚活地努力。絕不說「好累」、「好難」，選擇咬牙苦撐的我，在媽媽眼中似乎是個強悍的人。可是這樣的性格卻是環境造就的，那只是我保護自己的盾牌。

「妳小時候總是哭著回家，知道媽媽有多難過嗎？」

偶爾媽媽會與外婆一同回憶我的幼兒時期。是啊，我曾經是個很愛哭、內心脆弱的孩子。我不是那種要是有人打我，我就會打回去，而是會坐在地上像個傻瓜般嚎啕大哭的孩子。

可是從某一刻我變了，不，是我下定決心要改變，因為我覺得自己快死了。我以為不讓別人看到我的軟弱就是在保護自己，所以決定不在任何人面前展現脆弱。我以笑容取代，越辛苦就裝得越開朗，彷彿一點也不介意。

在我小時候，媽媽總是很忙碌，我很少有機會與媽媽談心、依賴媽媽，在年幼的我眼裡，媽媽看起來總是沒有空。所以我不想成為媽媽的包袱，想成為一個人也能做好所有事的女兒，讓媽媽不必操心。

所以，我從來沒有將自己深沉的心思告訴媽媽。即便有各式各樣的擔憂與苦惱，也默默地自行消化、克服。我以為這樣做是對的，以為這是為了媽媽好，也是為我好。我以為這樣就能一起幸福，可是我卻一點都不幸福，我逐漸變得憂鬱，失去了生活的餘裕，但我依然，臉上掛著笑容。

我慢慢習慣隱藏情感，不顯露它們，習慣獨自承受病痛、熬過痛苦，逐漸對傷口感到麻木。當這樣的我形成之後，大家都會稱呼我為「強勢的姊姊」，原本愛哭、內心柔軟的我，早已不知去向。

我在媽媽的眼中也成為「強大又強勢的女兒」。在沒有餘力觀察女兒的成長過程，花心思在女兒身上的媽媽記憶中，我就是這樣的形象——小時候是個愛哭鬼，長大後卻很強悍的女兒。

活到這把歲數，已經來到凡事能自理的程度，但總會有想對媽媽抱怨、撒嬌的時候。尤其是我已經厭倦了假裝強悍，想把面具扯下來丟掉了。

但是當我把這種心情告訴媽媽，換來的卻是有些沉重的答覆——做人父母的，看到女兒這樣徬徨會心急如焚。接著是一聲嘆息，以及沒完沒了的擔憂。這讓我內心實在鬱悶到不行，腦袋內也跟著發出「砰」一聲，彷彿就要爆炸了。

「我知道媽會擔心我，可是媽，妳知道妳的一聲嘆息，妳的那些擔心，只會令我更抓狂。」

揣摩媽媽的心情是超出我能力之外的事。就算我生了小孩、當了媽，好像還是很難想像媽媽的心情，而現在的我，更是完全無法理解。

我只是想把自己的心情告訴媽媽，希望媽媽多了解我，期待媽媽對我產生更多好奇，於是嘗試了各種方法，採用「我訊息[1]」，可是每次都失敗收場。直到現在，我們都不停在錯誤中學習。

我對媽媽來說是堅強、凡事都會俐落地處理好的女兒，如此堅毅不撓的女兒，如今想要畢業了。我不想再當堅強、強悍、不示弱的女兒了。

---

1 I message，著重表達我的想法的一種溝通方式。

媽媽，我只想當媽媽的女兒，
沒有任何形容詞，就只是女兒。

懷疑自己是不是親生的時刻

接近午夜，我正忙著寫稿，這時手機開始振動。

傳送者是「愛恨交織的人」，是我二十七年的死黨。

「還沒睡？」

「還沒，還不到睡的時間啊～」

「看來妳又坐在筆電前寫文章了。」

「對啊，妳咧？」

「我……剛上完課，正要回家。」朋友的聲音聽起來有氣無力。

朋友從一年前開始每天要聽十二小時以上的線上課程、往返自習室，很努力地準備不動產經紀人證照考試。她今天聽起來病懨懨的，似乎並不單純只是因為考試。

「發生什麼事了？」

見我光聽聲音就能聽出不對勁，朋友「呼——」重重地嘆了口氣，接著開口：「我媽她……」

朋友說，自己現在準備的不動產經紀人證照考試，其實也是媽媽的願望，但媽媽一點都不關心自己，反而把更多愛傾注在弟弟身上，讓她有時分不清楚自己是親生還是外頭撿來的。而且媽媽今天一大早就惹得她心煩意亂，導致她整天都沒辦法專心讀書。

朋友話中的重點如下：這書不是她想讀的，而是因為這輩子一直讓媽媽操心，才想要替媽媽實現一次願望，帶著孝敬的心情接受挑戰。就算媽媽不替自己加油也沒關係，至少能花點心思在她身上，讓她專心讀書。

我靜靜聽了朋友抱怨了二十幾分鐘，才終於開口：「這只能要妳改變心態了，媽媽們是不會改變的。妳以為我沒遇過這種狀況嗎？我媽整天二十四小時都讓我心神不寧，要是每件事都有壓力，每件事都跟我媽吵架、都耿耿於懷，我就當不了作家了。」

「我也明白，但這又不是我能控制的……上次我媽說來店裡玩的常客女兒怎樣又怎樣的，真的快瘋了。我現在到底在幹麼……」

「就是啊，子女有時候也會啊，當身邊的朋友說這次爸媽又買了什麼給自己、替自己做了什麼，就會羨慕得要命。」

朋友點頭如搗蒜，哀嘆自己不管做再多，都無法填滿媽媽的心。

事實上，孩子也不是不會去比較別人的父母和我的父母。雖然某種程度上是我的想法，但不論是朋友或我，對我們的媽媽來說都是很不錯的女兒啊。到底問題出在哪？鈕扣是從哪裡開始扣錯的？還是說，這種來來去去的心情，本來就是很自然的事。

有次我問媽媽，為什麼媽媽們都很愛向別人炫耀自己的孩子，不能別這樣嗎？

媽媽板著臉回答：「等妳到我這年紀就會明白。現在的媽媽是因為命變好了，可以做這做那的，有很多東西可以看，也有很多地方可以去，所以相較於子女的人生，有很多時間可以拿來經營自己的人生，有很多故事可以說。但我那個年代的媽媽可不是這樣。在沒有半點可拿來說嘴的人生中，要是不拿子女、老公來炫耀，還有什麼樂趣？要怎麼撐過這漫長的歲月？人生都是這樣的。」
「所以，媽媽用我炫耀了什麼？」
媽媽想了一下說：「我女兒，是個作家。」聽到這句話，我驚慌失措得一時啞口無言。作家……難道除了這個，就沒什麼好炫耀的了嗎？莫大的衝擊頓時包圍了我。
我幾乎沒有特別想過，我喜歡媽媽這樣，或討厭媽媽那樣。雖然媽媽平常講話有點嗆，初次介紹給別人認識時確實會緊張一下，但並不是我會覺得討厭或感到礙眼的部分。
因為我愛媽媽原本的樣子，那是世上最單純的喜歡。我希望媽媽可以不用在意世人的眼光，就算有人炫耀自己擁有的是最好的，媽媽也不會因此受影響。
我並不是否定媽媽說現在時代不同，是因為年紀大了、生活方式不同才這樣的說法，畢竟我也希望對媽媽來說，我是個令她驕傲、見到誰也不羨慕的女兒。
只不過我也希望媽媽能喜歡、愛著原本的我。並不是因為我是個有很多事能拿來炫耀的女兒，或者是個了不起的作家，單純只因為我是她女兒，不需要和任何人比較。（我並不是說我媽不愛我，只不過偶爾會覺得某些部分有點過頭，甚至有時會為此感到受傷）。

要是有人隱隱約約地在炫耀「我女兒就是這樣」時，我希望我媽能夠這樣——「我就是喜歡我女兒，因為她是我女兒嘛，是我李熙靜的女兒，所以絕對不比別人差。」

我希望媽媽能如此理直氣壯地說出來，因為我是她女兒，光是這個存在本身就已經足夠耀眼。就像我喜歡媽媽，單純因為她是我媽，並不是因為她很會做菜、很懂得為他人付出，或者不來假惺惺那套。

就像我喜歡媽媽是我的媽媽，
我也希望自己永遠是，被愛著的女兒。

就算是媽媽生的，我們也非常不同呢

媽媽是動作片，我是浪漫愛情片；
媽媽喜歡肋排肉，我喜歡瘦肉；
媽媽是內雙，我是外雙；
媽媽的皮膚白皙，我的皮膚黝黑。

媽媽和我的每件事都不同，從性格、喜好到長相，幾乎沒有一個地方相似。當然啦，在這世界上沒有百分之九十九．九相似的臉蛋、性格、想法和聲音，即便是父母、子女、兄弟姊妹等有相同基因的人，也不可能有百分之百的機率「一模一樣」。也就是說，這世上並沒有所謂「心有靈犀」的人，「和我完全相同」的人也不存在。

但如果遇見了某個人，也可能感受到那種喜悅的瞬間。雖然和我不完全一樣，但不知為何，我們的語言、心靈都相通，擁有共同的分母。在有七十八億人口的地球上能遇見這樣的人，是多麼令人興奮的事。

我們會以「臭味相投」或「頻率很合」來形容。即便是因緣際會下相遇的陌生人，也會產生相識的快感，但血脈相連、分享人生、磨合數十年的媽媽與我，為什麼會這麼不合啊？簡直超出諷刺的程度，而是到了無法理解、無法接受的地步。想必這才是全人類面臨的難題啊。

記得有一天，外婆在媽媽廚房裡東看西看，開始嘮叨起像是「鍋子為什麼放在這啊？」「醬料罐換成別的吧」「碗盤怎麼這麼多」等等。媽媽聽到受不了，不甘示弱地回嘴：「媽！這是我家，不要再唸了！為什麼老是翻女兒家裡的東西。」

看到此情此景，覺得很無言的我放聲大笑。明明媽媽也對我這樣，還說外婆咧。媽媽每次來我家，就會忙著挑出各種看不順眼的地方：「妳的衣服多到房間要爆炸了」「為什麼冰箱空成這樣？」「妳都煮什麼吃？」雖然知道媽媽是擔心女兒，但老實說同樣的嘮叨聽久了，還是會有微微的煩躁感悄悄升起。

碰到壓力很大時，我們在這種瑣碎小事上「不合拍」的部分就會加劇。當媽媽的嘮叨開始一點一點觸動我的神經，我就會渾身帶刺，最後以「拜託別再說了！」大爆炸。

接著我和媽媽的戰鬥就正式展開。見到我反應尖銳，就換媽媽使出她的特殊技能了。她會開始連珠炮地說，「賺了錢不要只會買衣服，要趁年輕時多存點錢，妳個性這麼難搞，誰會想娶妳回家，我就不該來這裡找妳。」

「我跟媽真的很不合！」

「我也跟妳處不來！氣死我了。」

我們會彼此互瞪，交換眼神，暫時進入休戰狀態，可是要不了多久第二場又再度開打。

媽媽悄悄將視線移到我這邊，開始先發制人。「要是妳不從現在開始存錢就會變成乞丐。妳知道結婚時錢有多重要嗎？不要每季都在買衣服。」

到這時候我就會開始想，啊，看來我在我媽眼中真的是個傻女兒吧，實在有點失落。媽媽非但不理解女兒，更完全不理解最近的年輕世代，只用媽媽的方式、過往的眼光單方面地朝我開砲。

最後我終於爆發了：「我才不是媽媽想的那種奢侈或會欠債的人。媽以為妳的時代跟我一樣嗎？現在不像媽那個年代，把錢放到銀行裡，只靠利息就能維生。妳知道在這個年代生活，對年輕人有多辛苦嗎？妳去外面問問看，現在有幾個沒揹債的年輕人？最近就連欠債也是種能力好不好，沒能力的人，誰肯把錢借給他啊？」

聽到我的反駁，媽媽露出氣絕的表情假笑一聲說：「沒錢就不要花，有錢就省著點不就好了？妳到底是把生活想得多複雜？」

我終於閉上了嘴，因為我內心已有了結論，這件事再講下去是沒意義的，反正這難題也不是三兩下就能解決。在我和媽媽之間流淌的江河，終究過於深邃也過於廣闊。

生活的時代不同、方式不同、看待世界的視角和想法也都不同。很難縮小意見分歧，因此我只能承認我們不同，默默地接受。

有時期望理解毫無意義，即便生活在相同的年代，又或者同樣身為女人，也可能會固守截然不同的生活方式，因為身上沾染的過往習氣不會輕易改變。

我開始試著想像，等我當媽之後，和年紀跟我一樣大的子女對話。那時的我，我的孩子眼中的我，在那孩子眼眸中的我，又會是什麼模樣呢？

我就不會對我媽這樣！

「妳真的好奇怪！我就不會對我媽這樣，妳怎麼這樣對我？」

當我不斷跟媽媽頂嘴、高舉起反對旗時，氣得臉紅脖子粗的媽媽就會這樣對我說。

「看看我怎麼對妳外婆的，妳也應該這樣對我。」

聽到媽媽這樣說，我倒是很想說：「有時媽還不是被外婆氣得半死！」

隨著年紀越來越大，外婆有時也會危言聳聽、固執己見，原本不做的事接二連三地開始做，原本總是很配合外婆這種突發行為的媽媽，偶爾也會爆發一次。

相反的，我幾乎不曾包容媽媽的危言聳聽。可能我天生就不是什麼乖女兒吧，不過這在某種程度上還是必須看情況，因為有些事能接受，有些事不能。當然了，這無法用二分法的標準劃分。

我只是很乾脆地放棄了自己無法接受的情況。與其將自己逼入絕境，努力去理解、把時間花在消耗力氣上，寧願選擇承認對方與我不同。畢竟和我不一樣不代表就錯了，而且接受不同能減少情緒消耗，也更有助於解決問題。

我不是討厭衝突才無條件迴避，又或者因為彼此不同所以一味包容，而是好好吵架、好好解開誤會、好好化解。即便逃避，終究也會走入死路。吵架時乾脆吵到血脈賁張，如此不管是對方或自己，都會明白一些過去不知道的全新事實——無論是好的或壞的。

當這種過程反覆一段時間，就會逐漸掌握解開糾結關係的方法、找到安撫對方受傷心靈並產生共鳴的要領。當然了，條件是必須不斷從錯誤中學習，以及經歷冷得發痛的過程。

當我與媽媽之間的關係走過這種過程，就會有各種微妙情緒拂過心頭，我媽也會無緣無故地恐嚇我，或者就算媽媽知道我說的話是對的也不肯承認，無條件會硬說自己才是對的。

當撞上這樣的牆時，我就會突然產生這種想法：假如我比現在更了解世界，擁有比現在更寬廣的視野，事情是否會有所不同？這在某種程度上會不會只是個人傾向的問題？但我又會想，有沒有可能對媽媽的危言聳聽照單全收呢？如果能做到如此，我是不是就能變成成熟的大人？

直到某一天，我想起外婆說的話。

「妳媽是現在年紀大了才懂事，不然她年輕時不知道有多令我操心。」

聽到媽媽也曾讓外婆操心，我忍不住哈哈大笑。原來媽媽也有過年少不懂事的時期啊，當女兒的媽媽也跟我沒什麼兩樣嘛！雖然現在媽媽是個十足的孝女，但當年的媽媽，也是個無藥可救的女兒。

「柳女士，可是我們李熙靜小姐每次都看著我，說我是個怎樣都不肯聽媽媽話的女兒。」

聽到我沒好氣地抱怨，外婆捧腹大笑。「這是像到誰？不就是像妳媽嘛。妳以為妳媽就聽過我的話？」

果然我媽過去也是個不聽媽媽話、固執的女兒。

那天，又上演了同樣戲碼。我一如往常地反駁媽媽的意見，開始頂嘴。

「真是受夠了，我對妳外婆就不會這樣。不管妳外婆說得再錯，我都會全盤接受、好聲好氣地安撫她，我看妳就是個徹頭徹尾的突變種。」

「少騙人了，我都聽外婆說了，媽媽以前也是怎樣都不肯聽外婆話的女兒，讓外婆為妳操心、氣急敗壞的情況可不只一兩次。」

媽媽突然瞪大了雙眼，問我什麼時候聽外婆說的？「就算是這樣好了，有必要連這些都要跟妳媽如出一轍嗎？」

當然沒有。缺點何必要像呢？只不過這跟我要不要像媽媽是兩回事。只能怪我是媽媽的女兒，是ＤＮＡ造就出這樣的我。又不能把這副身軀內的血液都抽光，也不能改變ＤＮＡ嘛。我也只不過是聽到媽媽說「我就不會這樣，妳為什麼會這樣？」時無法表示同意罷了。

我靜靜在腦海中想像媽媽沒有女兒的時期，想像媽媽只是別人的女兒的日子。彷彿看到現在的我和媽媽的樣子重疊在一起，獨自仰頭笑到不能自已。

所以說啊，媽，我不過就是跟當年的妳一樣而已，就不能體諒我一下，睜隻眼閉隻眼嗎？

媽媽也想刷刷存在感

都這把年紀了卻缺愛。雖說缺愛這檔事跟年紀也不相干，但就是這樣，我是個缺愛的人，而且是缺乏媽媽的愛。我，是個想獲得媽媽關心的人。

我想先說，缺愛只是缺少某樣東西，並不是有瑕疵。以前不是有某位歌手唱過這樣的歌詞——時時對愛飢渴。

得知我在著手準備下一本書或籌備電視劇等消息時，親友就會捎來問候，問我最近寫作順不順利，或是在寫什麼文章，這次寫什麼主題……我媽卻連一次也沒問過。還真是對我漠不關心啊，我如此心想，然後突然想起那年——

高三，我就讀特目高[2]的時期。因為特目高的特性，高二就已經是考生了，我卻在身為考生的時期玩瘋了。

「妳高一時不是文章寫得很不錯嗎？現在是怎麼了？妳這樣很難考上大學。知道因為妳，老師有多少煩惱嗎？」

問題在於媽媽根本不清楚我的狀況，我不禁懷疑，其他人對我都有的關心，是否唯獨媽媽沒有。儘管媽媽說自己是因為忙著討生活，日子太苦，我還是覺得實在太過分了。心中突然有把火熊熊燃燒起來，我打了通電話給媽媽。

「媽，我說不定考不上大學。」

「那就重考，不然就去找工作。」

「聽到女兒可能考不上大學，妳都不擔心嗎？」

「奇怪了，我擔心的話，結果就會不一樣嗎？有時間說這些有的沒的，不如勤快點去多寫一句文章。」

當時我的心情是，給我走著瞧吧。我一定會自信滿滿地達成目標，

2 特殊目的高中，以選拔特定科目的優秀人才並加以培養為目的之人文高中，像是科學高中、外語高中。

獲得媽媽的肯定。

我就讀特目高的時期就是這樣。如果沒辦法在全國寫作大賽拿到前三名就沒辦法進大學，因為單科保送生必須寫大學申請書（當然現在的教育過程與當時不可同日而語）。

從那時開始，我花了四個月拚命參加一家報社的寫作大賽，最後我辦到了，拿到全國寫作大賽第三名。

我又打給媽媽。「媽，妳有看報紙嗎？」

「突然幹麼看報紙？」

「妳買今天的○○日報，然後只看○○版。我得獎了，上面有刊登我的文章。」

「何必特地買來看啊～恭喜妳啊！現在能上大學啦。」

媽媽的祝賀不冷不熱。換作其他媽媽，早就跑遍大街小巷炫耀自己女兒的得獎文章刊在報紙上了，我媽卻只說「妳現在能上大學了」。

過去這段時間，我為了寫一篇文章有多嘔心瀝血啊。就算媽媽之前話說得如此瀟灑，畢竟還是把女兒上不上得了大學掛在嘴邊，我想媽媽心底也不可能好過，才想讓媽媽感動一下，沒想到別說是感動了，媽媽根本不當回事，這反應深深傷了我的心。

幾天後，我透過爸爸的電話得知了一件事。媽媽在我獲獎的那天，買了報紙後跑遍整個社區，大聲嚷嚷道：「報紙上刊登了我女兒的文章，她說得獎了！」

直接在我面前表現是會少塊肉嗎？反正還不是開心得要死。想到媽媽喜孜孜地在社區跑來跑去的樣子，我就忍不住噗哧笑出來。

在那之後過了整整十九年，媽媽還是老樣子，不會在我面前表露情感。我多希望媽媽能多給我一些關注啊，特別是在我寫稿或創作劇本時，媽媽的關心會比任何人都更能帶來莫大的動力，可是我媽依然像以前那樣。

不久之後，我們南下去參加告別式。

「哎呀，姊姊！她就是那個女兒啊，當作家的女兒？」

鄰居阿姨用滿是欣羨的眼神看著媽媽，那副模樣讓我有些難為情，也有些尷尬。

「妳媽不知道有多誇妳呢～我也看了妳寫的書。姊姊，真的好羨慕妳啊！怎麼有這麼優秀的女兒，確實很值得姊姊驕傲呢。」

可能是鄰居阿姨的花言巧語令媽媽感到尷尬，媽媽一臉不在乎地說：「沒這麼誇張啦～」

我看著那樣的媽媽，忍不住抿嘴偷笑。明明在背後該炫耀的都炫耀完了，遇到這種讓媽媽直接在面前給她盡情說嘴的機會，她又覺得難為情。這時的媽媽看起來，簡直就像個羞澀少女。

不知道從哪一天開始，媽媽一天會打來數十通電話。有些日子我會很不耐煩，尤其剛好在忙時又會更不爽。要是碰上寫稿寫得很順時，就會覺得媽媽是來搗亂的。但我還是從來沒有忽視媽媽的任何一通電話，反而越是這樣，就越會乖乖接起電話。因為那不是別人，而是我媽打來的。

我終於明白了，或許媽媽也想刷存在感吧。想得到女兒的愛，或是看到身邊經過的某對母女有說有笑，想起了自己的女兒，所以才沒什麼事也打來電話。說不定媽媽是為了自己也有女兒而感到安心，就像我慶幸自己有媽媽一樣。這個事實給了我某種氣焰囂張的巨大力量，因此說來諷刺，我偶爾也會讓媽媽傷心難過。

但有件事是千真萬確的，
那就是媽媽深愛著我，我也深愛著媽媽，
我們渴求彼此的愛，多過於任何人。
因此，媽媽才會想在女兒面前，
女兒也才會想在媽媽面前刷存在感啊。

Part 2

用我的方法
擁抱媽媽

努力也無法改變，相愛也束手無策的事

「我媽最近好像進入了更年期，本來都好好的，卻會突然開始哭。」朋友說自己的媽媽最近因更年期而煎熬，會在下班回家的路上突然憂鬱起來，說些對人生負面的話，讓朋友如坐針氈，不知道該怎麼對待面臨這種時期的媽媽，又該如何安撫媽媽的心情。

我靜靜地聽朋友娓娓道來，這才發現我媽也進入了更年期，不僅停經了，而且因為荷爾蒙發生變化，原本好好的身體也開始到處痠痛或生病。每次看到鏡中皺紋漸增的臉，媽媽就會感傷地說：「我怎麼老成這副德性……鏡子中的人真的是我嗎？」

女人的更年期之所以比中二病更可怕，就在於情緒陰晴不定，一下神經質，一下又變得很暴燥，連自己也難以駕馭。原本什麼事都沒發生，突然彷彿天塌下來的憂鬱感就冷不防找上門來，情緒狀態直直往下掉，雖然很快就會沒事。但也可能立刻為了小事發火。

事實上，對媽媽這種變化最驚慌失措的是家人，其中又以我的反應最大。因為我媽也像朋友的媽媽一樣，偶爾會以低落的嗓音打給我，讓我心頭頓時一沉。

「女兒……很忙嗎？」媽媽有氣無力，不知道是不是哭過，濃濃的鼻音帶有濕氣。

「媽妳哭囉？怎麼，發生什麼事了？」

「只是很感慨人生……」

媽媽口中的「感慨人生」對我來說，完全無法想像那到底是什麼心情。該怎麼辦？我想至少也該說點什麼來撫慰媽媽的心，替媽媽稍微分擔她的悲傷。可是我卻束手無策，沒有什麼能為媽媽做的。我能做的就只有說：「妳不是還有我這個女兒嗎？」或「要不要去兜兜風」之類的，只能讓媽媽的心情轉換兩秒鐘的話。儘管短暫轉換兩秒鐘也不是毫無作用，但也是治標不治本，無法解決根本的問題。

有一次我向身邊的人尋求建議，看要如何應對媽媽的更年期，但其實並沒有什麼好辦法。就像人的特質各不相同，每個人經歷更年期的症狀也有百百種。

知道我心中的鬱悶後，親友大致上都是說：妳要好好照顧媽媽；帶媽媽去旅行吧；比起生產，女人的更年期更要顧好，女兒要多費心，好好孝順媽媽。

我是花了心思，但沒經歷過更年期的女兒只覺得徬徨，不曉得該怎麼應付媽媽每天反覆無常的情緒起伏。突然發脾氣或哭泣、心情一下好一下壞，沒來由地望著天空發呆，這些症狀時不時就找上門。而且每個人的體質或性格不同，更年期可能會長達好幾年。媽媽的更年期，對身為女兒的我而言，可說是人生最大考驗，就像看著無解的考題，卻必須無止盡地解題。

然後久久會有那麼一次，我實在難以配合這樣的媽媽，忍不住把內心的痛苦表現出來，媽媽又會語帶委屈，傷感地把心裡話一股腦宣洩出來，說生女兒都沒用，都不懂媽媽有多傷心。

當接收到媽媽的這種心情時，現在我所能說的最貼切的話是——這是努力也無法改變，相愛也束手無策的事。但我不會讓媽媽一個人孤單地走那條路。我雖無法替媽媽一起承擔更年期這個重擔，無法代替媽媽與更年期搏鬥，但我會用自己的方式替媽媽加油。

當媽媽疲累得無法挺直腰桿坐好時，我會當個先伸出手的女兒。當媽媽心情抑鬱時，我會不時撒個嬌、說說玩笑話，或帶媽媽走訪美食餐廳，讓媽媽轉換心情，當個宛如和煦春風的女兒。當媽媽生氣煩躁，就連媽媽自己也不知該拿自己的心怎麼辦時，我會成為一條靜靜流淌的江河，當個沉穩地讓媽媽鎮靜下來的女兒。

我會用自己的方式守護媽媽，絕不食言。
媽媽，妳就放一百二十顆心吧。

愛得更多，不該成為弱點

「關於媽媽更愛妳這件事，也就是說，我是妳媽這件事，並不是我的弱點啊，妳怎麼會把當這成是一種權力？」

這是媽媽在跟我對話時，準確來說是聽到我一句尖銳的話後，媽媽以非常受傷的表情說出的話。

媽媽竟然說自己是弱者，我作夢都沒想到媽媽會這麼說。我從來就不曾因為自己是媽媽的女兒，就覺得這是能夠行使權力的某種力量，這是因為我誤以為媽媽不可能比我更愛我自己。

某天媽媽在看新聞，看著看著突然害怕起來，於是打電話給我，告誡我現在約會暴力的新聞炒得沸沸揚揚，女朋友只是說要分手，竟然發生了凶殺案，所以女兒啊，妳跟男人交往要謹慎。

面對各式各樣的社會議題，媽媽和我的視角也截然不同。儘管接觸到這些新聞時，我會短暫的嘆息與惋惜，心想「世上還真是什麼千奇百怪的事都有啊，這個社會真是可怕」，但我不會把社會新聞和我的人生直接連結在一起。

但媽媽就不是這樣了，即使只是看到一行新聞跑馬燈字幕，也會因為擔心女兒而膽戰心驚，聽到身邊發生什麼駭人聽聞的消息，也會不由自主地想起女兒而嘆氣。

比我更愛我自己的存在，就是媽媽。

因為媽媽更愛我，所以媽媽必須多讓著我，原來不管是暗地裡或明知如此，抱持這種想法的人一直都是我。我就這樣一步步把媽媽逼入絕境，讓媽媽變成了弱者。我就像是挾持了媽媽的愛，當成那打從一開始就是我的，行使著錯誤的權力。我是否帶著這樣的傲慢在生活呢？因為是媽媽，所以把她給我的視為理所當然；因為是媽媽，所以理當負起責任。只因「媽媽」這個稱謂，就無條件認為是天經地義的。

我是這樣的人。要是談戀愛，很容易在對方面前成為弱者。要是對方對於自己無法得到更多而不悅，我會連同剩下的最後一丁點也榨乾，把沉在底部的淡淡殘留物也毫不保留地刮下來給對方。

這樣的情節反覆上演，直到有一天，愛得更多的一方開始認為，自己總是當弱者是不公平的。我交出了更多的心、也傾注了更多的誠意，就連愛也是我表現得更多，為什麼這樣的我卻總是受到更多傷害？

不知何時開始，「我愛得更多」居然成了他的權杖，他成了「掌權者」。我並不總是掌權者，而是因為愛得更多才成為我的弱點，最後我枯竭的心開始掙扎。

直到一句話湧上心頭，我脫口說出——「我愛你，也不代表你可以隨便對待我。你怎麼可以隨心所欲地利用我的愛？是誰允許你的？」可是我卻在媽媽面前做出這種「仗勢欺人」的惡劣行為，我感覺自己說過的話，都原封不動地回到我身上。

媽媽愛我的心，我是明白的，或許才因此更為所欲為。我把媽媽的愛根據我的需求來利用，甚至未經任何人允許，擅自把得到的那份愛給消耗掉了。我認為媽媽的就是我的，就連媽媽的心、媽媽的人生都是。媽媽是為了我而存在的人。

有也給，沒有也給，甚至有時還要刻意打造出愛來付出。儘管如此，只要我的女兒索求更多，我就會毫不猶豫地欣然給予，這就是我的媽媽。我卻把這份愛看得太過簡單。我怎麼會把媽媽的愛看得如此理所當然，表現得如此泰然，又因此而輕盈呢？明知如此仍傻傻付出，就算不被看見也甘之如飴，這就是我的媽媽。明知如此仍欣然被欺騙，就算意識到也會睜一隻眼閉一隻眼，這即是媽媽的愛。

「媽媽更愛妳，這並不是我的弱點啊。」聽到媽媽這句深沉的呼訴，我的心猶如被巨浪襲擊而碎裂的岩石般四分五裂，像瓷器碎片那樣散落一地。儘管我沒有刻意將它當成弱點來利用，但在我的骨子裡卻十分依賴媽媽的這種弱點。

因為愛。單憑這個理由，即使自己滿身瘡痍，媽媽仍欣然付出一切。在被撕扯得不成人形的媽媽面前，我卻冷眼旁觀，不聞不問。因此，就像我對待過往的戀愛對象，想必媽媽也覺得利用自己弱點的子女很可惡，也因此緊咬下脣，暗自下定決心，再也不要當什麼弱者。

然而，即便是這樣——

「媽！」聽到女兒高興的呼喚，想必稍早的決心又會瞬間消失得無影無蹤吧。今天媽媽也會在我面前露出最燦爛的微笑，並且說自己要比世界上的任何人都要珍惜、深愛女兒。

對於這樣的媽媽，我想說的是——

從現在開始，我會在媽媽面前當個弱者，

明天會比今天更愛媽媽，而且是多到極限。

無法打給媽媽訴苦

那是幾年前的事了。我被冠上「主要」節目編劇的頭銜後過了幾個月，當時的我為了配合每週的直播行程準備節目，成天過著提心吊膽的日子。從確認節目每個環節的道具到腳本、成員、邀請來賓與進度等，為了準備一小時的節目及檢查各種大大小小的細節，我忙得不可開交，一轉眼時間就溜走了。每天都在緊張中工作，自然就變得很敏感，神經也跟著緊繃起來。儘管有人說，主編劇只要在前頭負責指揮就好，但事實上主編劇要做的真的很多。

總之，在要考慮所有節目走向的過程中，我偶爾，不，是常常會不自覺拉高嗓門，或以尖銳的言語把後輩逼得走投無路。

那天就是這樣。

「〇〇，妳拿到警察局的監視器影像了嗎？」

「啊……對不起，我現在就去確認！」

「妳心思是跑去哪了？現在才要確認是想怎樣？」

「對不起……」

「道歉就好了嗎？我看妳是瘋了才沒去確認吧！想讓節目開天窗嗎？」

在處理事件與意外題材的節目中，確認監視器影像是不可或缺的一環，因為關鍵就在於確認事實，可是我一小時前就要求確認影片了，對方卻到現在都沒處理。

我腦海中立刻浮現推翻所有道具的最糟情況。我必須重新找到道具，接著費盡脣舌來說服總公司採用新道具，在這個過程中，想必我心臟的血液又會被榨得更乾吧。距離節目開播就只剩三天了耶！

要是在這節骨眼又想到「節目開天窗」這個字眼，整個人就會更神經質。到了這種狀態，只會感到怒氣已竄升到頭頂，下一秒就要發瘋了。身處極端的壓力指數，我的後頸變得十分僵硬，所以我心想，得去外頭吹個風，要是再繼續看到後輩的臉，不知道自己又會說出什麼狠話。

我離開滯悶的辦公室，來到頂樓。冰冷的空氣接觸到額頭後，稍早前咕嘟咕嘟沸騰的怒氣才冷卻下來。就這樣度過了十幾分鐘後，我正打算回辦公室，卻聽到頂樓另一端傳來剛才那個被我狠狠教訓的後輩的哽咽聲。

「媽！（哽咽）我剛才被主編劇臭罵了一頓……」

噗！我忍不住笑出來。出於好奇心，我打算屏氣再多聽一會兒（是偷聽沒錯，只要經歷過這種情況的人都應該能體會我的心情，知道自己十之八九都會聽到最後。）

後輩對自己的媽媽講了我超多壞話，像是「明明可以放水一下的，可是那個狠毒的主編劇好像就只討厭我」，「我覺得很委屈，看來非辭職不可」，「看來我沒資格當什麼編劇吧」等，接著最後出現了這句：「以為自己是主編劇就了不起喔！」

我很傻眼，忍不住露出虛脫的苦笑。以為我心情就好過嗎？一股厭惡感頓時湧上心頭。

但同時，我的內心也冒出了一句話：「喂，妳以為只有妳有媽媽喔，我也有好嗎？小心我去跟我媽告狀！說有個令人操心的後輩快讓我禿頭了！」

想到這，我又噗哧笑出來。我解開手機螢幕，低頭盯著「我媽」兩個字。要打嗎？還是別打？……我猶豫了幾秒鐘，最後還是關掉手機畫面。

我從什麼時候開始會做這種事了？

我突然有了這樣的想法。我和媽媽老是起衝突的點，和總是在我們之間形成隔閡的問題，是因為我們看待同一件事的視角天差地遠。

每當我和媽媽吵架，兩人都只顧著陳述自己的立場。我是這樣的，妳為什麼那樣？雙方的心是極與極，無法理解彼此的心究竟是因為什麼。我仔細想了想，發現我們從來不曾好好傳達自己的心情，只安逸地以為就算什麼都不說，對方也會懂我。

我只會口口聲聲說媽媽不懂我的心，自己很失落難過，卻不曾好好將我的心情傳達給媽媽。時間久了，或許媽媽也會任意作出關於女兒的諸多揣測，好比「要是我說這種話，我女兒應該會出現這種反應，或是會說那種話吧」之類的。

我為什麼無法將自己的心情告訴媽媽，不，為什麼我不說呢？

不知從何時開始，我就不再對媽媽說什麼，也不再找媽媽了，只因某種就算怎麼做也無法與媽媽心靈相通的小小分裂。儘管面對某種問題時，會產生「要是媽媽能靜靜安撫我」的念頭，但說來諷刺，每當碰到這種日子，我必定會跟媽媽吵架。當這種情況頻繁發生，漸漸地我也就閉上嘴了——以不想跟媽媽吵架的名分。

可是我知道這其實與名分無關，我的內心早已有想聽的答案，所以我只覺得，不肯說我想聽的話的媽媽很不近人情。

媽媽也是如此。媽媽會說，妳都不聽我說的。沒錯，因為當媽媽說某件事時，我也總是忙著說大道理，我也很少去檢視媽媽的心靈狀態是如何。

傳達心意要趁早。儘管就算傳達了，也有更多不管用的時候。但別因此垂頭喪氣，這又不會怎樣，即便我們的想法總是兩條平行線，我們也依然愛著對方。

說不定，就是因為我們的想法是兩條平行線，
才會更愛彼此。

母性是一種學習

「聽說當了媽媽後，就能體會自己媽媽的心情，但我反而更不能理解了。」這是不久前剛生完小孩的好友說的話，這讓我突然想起先前在書上看到一句話——母性是一種學習。

我有點受到衝擊，母性竟然是學習來的。我一直深信母性是一種女性「本能」，沒想到它甚至是經過實驗才得出的結果。

假如母性是一種學習，那就完全能理解媽媽離婚後，有好幾年時間不得不與孩子們分開的情況了。

「媽，那時妳為什麼沒把我們帶走？」

聽到我這麼問，媽媽忽然回憶起當年，口中緩緩吐出香菸的霧氣，說自己當年也過得非常苦，簡直生不如死，非常希望能有個人來救自己。當時的媽媽，很想放下人生的一切，根本無法顧慮到孩子們。儘管有些人會說身為媽媽的人怎能說這種話，指責這種人沒有當媽的資格，但那只是沒經歷過的人自以為是的幻想罷了。

聽到媽媽這樣說，我試著走入媽媽的情境中。假如是我能做得到嗎？而我得到了答案。

我辦不到。

傾頹的人生，自己都需要費盡千辛萬苦，才能勉強掛在懸崖邊苦撐，又怎麼會有照顧孩子們的勇氣，擁抱孩子的膽量？

先有我，才會有孩子。這句話可能聽起來很不負責任，但媽媽又怎會知道自己的人生會如何發展。無論願與不願，都只能怪罪際遇與環境。

有句話叫作「拚死去活」，意思是用盡生命去賦予活下去的動力。可是有時，這句話對深陷絕望的某個人來說，可能既殘忍又不負責任。人生已然是人間煉獄，對站在懸崖上的人來說，只是一點風吹，也會如同風中殘燭般岌岌可危，每天每天都有一小角逐漸熄滅的人，那句話無法帶來實質的慰藉。

我心想，倘若母性是一種本能，身為女人的媽媽說不定會過上更苦的人生。

大概是因為自己椎心刺骨的「經驗」，所以媽媽希望自己的女兒不要跟隨自己的人生腳步。相較於媽媽的母性，或許這樣的心聲更近似於同樣身為女人，希望自己的女兒不會走上同樣的命運。相較於媽媽向女兒傳遞的某種感性，或許媽媽更想將身為女人、身為女兒、身為媽媽、身為人生前輩的種種深刻痕跡，一項一項地告訴自己的女兒。就像是懇切地盼望，「算我拜託妳了，妳一定要過得比我更好！」

有時媽媽也會顯得自私，以自我為中心，讓自己的情緒走在前頭。因為媽媽也是一個獨立的人格，是生活在這時代的一個平凡人。

當媽之後，我更無法理解自己的媽媽了。好友的這句話似乎就是這樣。身分都是媽媽，母性的程度卻有分別。母性是一種邊做邊學、透過經驗而熟能生巧的課題，然而不是絕對的，所以「無法理解媽媽」這句話才會變得如此理所當然。

媽媽與女兒。相較於無條件的服從，
基於這世界賦予的名稱與意義而盲目的奉獻與犧牲，
我們應以愛、盲目、無條件的方式堆疊起關係。因為我們是只能相愛，非相愛不可的，那種關係。

忘記了依靠，忘記了理解

許久不見，外婆的表情看起來格外明朗，我心想是不是發生了什麼好事，只見外婆開始連聲稱讚起媽媽。

外婆說，媽媽買了漂亮的冬季外套給她，每天一早都會打電話給她，幾天前媽媽特地北上，做了一大堆外婆想吃的小菜。不久前媽媽聽說外婆生病，就把忙碌的工作給擱在一旁，二話不說就來探望外婆。

「我女兒最孝順媽媽啦，還有誰會這麼替我著想。」

看到外婆笑得像個孩子，我也忍不住笑盈盈。

「我們柳女士這麼開心啊？」

「當然開心啦！妳也要好好孝順妳媽。對媽媽來說，女兒最棒啦。」

對媽媽來說，女兒最棒。

我對媽媽來說是什麼樣的女兒呢？是最棒的女兒嗎？就像媽媽在外婆心目中的形象，我對媽媽來說也是那種，光想到就會掩不住笑意的女兒嗎？

認真想了想，我應該不是最棒的女兒。我無法做到像媽媽對外婆那樣的悉心照料，可能根本連四分之一都做不到，因為有更多時候，我把自己看得比媽媽更重要。

儘管有時我會給媽媽零用錢、替媽媽準備保健品，或突然南下去探望媽媽，給她一個驚喜，但這都是在我心有餘力時才會做的事。要是碰上工作很忙或被繁務纏身，就會疏於「照顧」媽媽，把媽媽拋在腦後，同時認為媽媽體諒忙碌的我是理所當然的。

可是，我也確實在每一刻都盡力了，靠的不是努力的程度，而是在當下的情境中，依我所能展現出心意與意志。儘管對媽媽來說，可能還不夠。

就目前而言，我已經全力以赴了。沒有全力以赴才是問題，而不是對方不接受我的全力以赴。我是這樣想的。但根據對象不同，我的全力以赴有時管用，有時不管用。而媽媽和我的關係屬於後者，因為仍有些領域是即便我已全力以赴，也無法填滿媽媽的心。

就像身為女兒的自己對媽媽做了什麼，媽媽也會不由自主地對女兒產生期待。要是沒有填補這份渴求，即便只是小事也會感到失望，內心很容易受傷。

然而，我也需要時間，才能成為足以填滿媽媽的女兒。我需要時間去了解關於媽媽的一切。若是沒有各種過程，只說身為女兒就會懂得媽媽的一切，又或者身為媽媽，就會懂得我這個女兒的一切，都只是對彼此的理解不夠罷了。

媽媽應該與身為女兒的我分享自己的故事，而我至今也還有許多關於媽媽的事情需要了解，因為不知道的事比知道的更多。

偶爾外婆與媽媽的關係令我欣羨又嫉妒。不像媽媽和我，外婆和媽媽之間累積了不少回憶，我卻幾乎沒有那樣的記憶。我從小就和媽媽分開生活好多年，和媽媽住在一起後，也沒有成為關係親暱的母女。媽媽忙於生活，必須一肩扛起每天的生計，幾乎是每天都得將自己抹去才能活下去。也許媽媽是認為，把自己的故事說給女兒聽是種奢侈。

對我來說，相較於了解媽媽的時間，我有更多需要理解媽媽的時候。因為媽媽現在很忙，因為今天媽媽累了，這點小事我必須自己處理，因為媽媽知道了會擔心……即便是無法理解、難以接受媽媽的某種狀況時也一樣，因為是我的媽媽，所以我非理解不可，我必須接受。是因為這樣，我才遺忘了想了了解媽媽的心情嗎？關於媽媽那些閃閃發光的心情，才會被我推得遠遠的？

在那之後一切都變了，我不再與媽媽對話。成了即便有些領域需要媽媽的手，也會自行想辦法解決的人。在那裡，就只有努力理解媽媽的女兒。

就這樣，我們的現實生活中起衝突的日子越來越多，甚至會忍不住大吼：「不要管我！我自己會想辦法！我自己也做得很好！」我不讓媽媽踏入畫下的界線內，以為我只要努力理解媽媽就夠了。我以為任何情況與生活的點點滴滴，都不必說出來讓媽媽知道。

這種日子累積久了，媽媽也不再嘗試了了解我。準確地來說，是我沒有分享自己，不把自己的故事告訴媽媽。這樣的時光繼續流逝，我們的關係逐漸長成扭曲的形狀。有些母女之間沒有祕密，可以聊些無關緊要的話題，互相分享日常，一起去旅行，我們卻做不到。

我們把無法擁抱彼此的責任都歸咎到對方身上。在漫長的歲月裡，我和媽媽可說是在錯誤中學習著。

對現在的我們來說，都還是需要互相了解的時間。而我的全力以赴，很多時候並不符合媽媽的標準，但正如同時間會為媽媽帶來領悟，我希望媽媽也能稍稍等我一下。

總有一天，我會成為和誰比較也毫不遜色的，最棒的女兒。

與媽媽的「第一次」

陽光和煦的某個春日，我們母女並肩坐在鄉下家裡的陽臺，靜靜凝視著冒出白色嫩芽的桃樹。春風徐徐吹來，心情實在好極了，就連春日那種彷彿在搔弄肌膚的心緒不寧，也莫名帶來撫慰。

我們默默望著外頭的桃樹園好一會兒，時而又輕輕地閉上眼睛，嗅聞春天的香氣，直到我驀然脫口說出——

「我問這個，是因為第一次當女兒。以前的媽媽對外婆來說是什麼樣的女兒？」

正從菸盒中取出一根菸叼著的媽媽突然停下了手部動作。聽到我這突如其來的問題，媽媽瞪大眼睛瞅著我。

「這個嘛……仔細想想，跟現在完全不一樣。」媽媽說，自己過去和現在是天差地遠。

外婆曾目不轉睛地看著偶爾做出粗魯舉止的女兒這樣說：「妳媽真的變好多，以前的她可是非常聽話溫順呢。」

我以前也是這樣。儘管我沒有記憶，但據說幼兒期的我也是。只要提醒我「馬路很危險，一定要走人行道」，我就會真的只走那條路。在只要一放手就不知道會跑去哪裡的時期，才五、六歲的我曾是個溫順又聽話的孩子。那樣的我，也跟隨媽媽的腳步變了許多。

是歲月使然，環境使然，一路邂逅的關係使然。或許是在這樣的時間之中，本來的自己不知消失到哪去了，然後又被陌生的事物填滿，以致喪失了原來的模樣。無論是做自己的樣子，身為女兒的樣子，抑或是身為媽媽的樣子。

我們曾無數次在那樣的時間中對彼此宣洩埋怨與憤怒，甚至為了無法擁抱彼此而心急如焚，直到某一刻又想斷然放棄、放下一切。無論媽媽或我，在這樣的關係中，我們需要的就是這樣。我們，必須跨越彼此的極限，要是不放下自己，這件事是沒辦法有進展的。

即便如此，這並不是在要求誰犧牲或自我奉獻，而是要跨越極限，這指的不就是擁抱對方的心嗎？而「擁抱對方的心」也不會單純只是產生共鳴，因為那是要連那份傷痛也一併擁抱，把自己的心交出去。

或許交出自己的心一兩次也無傷大雅，只不過這種事也沒有期限，想到也許一輩子都會是這樣，想必會覺得這件事難如登天、心生厭煩。媽媽與我當一對母女，不就是這樣的意義嗎？

佇立在跨越極限的過程中，我們曾放棄了一項又一項，曾給予理解，也曾凝視對方的傷口，甚至當各自的野心與期望逐漸擴大時，傷了對方。直到驀然之間，總覺得自己受過的傷更多而忍不住哽咽。會產生這種心情，也是因為自己指甲下的尖刺讓人感覺最疼。

「媽在當女兒時不是也會犯錯嗎？就像外婆對媽的通融，媽不能也對自己的女兒寬宏大量一點嗎？」

結果媽媽哼了一聲冷笑說，「現在的我已經夠寬宏大量了。」媽媽說，雖是自己的孩子，但以前看到孩子不聽話，老做些討人厭的事，真的常常想乾脆把孩子丟在路邊。

我也一樣。碰到和媽媽激烈衝突時，我也有很多次都想斷絕母女關係。

這時我突然想起某部電視劇的臺詞。「要是真能拋棄，我想拋棄的是家人。」

我們所有人都是第一次，當女兒是第一次，當媽媽也是第一次，步上名為人生的偉大旅程也是第一次。在這些第一次裡，我們會從錯誤中學習，會摔跤或倒下，也會碰到許多想放棄的瞬間。事實上，相較於無比欣喜與幸福的故事，這第一次的人生有更多悽慘、痛苦，更多「必須想辦法活下來」的時間，而不是「無須作為」的時間。

因此，人生是第一次的我們，不是更該互相激勵、為彼此加油嗎？因為我們所有人都是第一次。

夏意漸濃的某一天，媽媽和我又碰上我們的「第一次」——我們母女第一次一起去逛街。我們一邊說著「豹紋褲很美耶」、「藍色印花的褲子很適合妳耶」，一邊挑選寬鬆的花褲，也去了大型超市親自替媽媽挑選貼身衣物。看到街上賣的便宜鞋子，也不停說著「這個比較好」、「那個比較好」。就這樣，當我們雙手提著滿滿的購物袋走進家門時，心中真有說不出的幸福。
而且，看來不是只有我這麼想。
「這還是第一次和我女兒去逛街呢。看來生女兒的好就在這呀。」
聽到媽媽的話後，我忍不住鼻酸。還以為只有身為女兒的我在等待這樣的時刻來臨，但我現在明白了，原來媽媽也盼了許久。
我想起過去自己說要做節目、要寫文章而不理睬媽媽的日子。想必那時，媽媽都把想和女兒做些什麼的盼望都壓了下去，沒有表現出來。因為媽媽無法對總是忙碌的女兒說要做這做那的。一年三百六十五天，我卻連一小時都沒有為媽媽付出，對此我感到愧疚不已。我究竟是在忙些什麼，連和媽媽去逛街一小時都做不到？
第一次當媽媽和女兒的我們，在二〇一九年六月二十九日星期六第一次去逛街，第一次旅行也已經準備就緒。但願在替「第一次」賦予、添加眾多美麗的故事之後，我能將它們珍藏直到世界終結的那天。但願在往後必須走下去、剩下的所有第一次旅程中，即使碰到力不從心的瞬間時，我也能記住這一天，也因此願意再試一次，堅定有自信地穩住自己的心。

第一次跨越極限，
進一步了解媽媽、進一步凝視內在的我。
但願過往的第一次、現在的第一次、即將到來的第一次，
面對「我們所有的第一次」，
每天每天，我們都能勇敢去愛，不覺厭倦。

媽媽，哭出來也沒關係喔

跟和男友分手、哭得一把鼻涕一把眼淚的朋友面對面坐著的時間，已經過了一小時。

「他怎麼可以這樣對我，我對他多好！世界上沒有這麼惡劣的傢伙了，希望和我分手的他後悔一輩子！」朋友先是氣呼呼地發洩怒氣，突然又說，這樣說也不對，好歹他也曾是我愛過的人，我希望他跟我分手後還是可以過得很好，講了些不知是祝福還是慨歎的話。

朋友說，真不曉得是哪裡出了問題，是不久前自己為了小事不耐煩，所以男友變心了嗎？還是大約一個月前兩人大吵一架，自己氣得搞失蹤一兩天造成的？是因為每次他來我家，我都一直嘮叨他做這做那的？朋友對自我的攻擊幾乎已經到了虐待水準。

整整一個小時，我只是靜靜觀看朋友演的獨角戲，一句話也沒說。

直到暫時關上的淚水不知何時又撲簌簌地流下，我才說：「好，哭吧，盡情地哭吧」。

到了三、四點左右，我和發洩完情緒的朋友道別，在回家的公車上，我呆呆望著沉靜滑落的雨滴，這時媽媽打了電話過來。

「……」

「媽？」

我心想電話是不是斷掉了，確認了一下手機螢幕。明明電話沒有掛斷，媽媽卻沒有說話。

「媽，妳在哭嗎？」

嗚嗚，媽媽傷心地哭了出來。在那幾分鐘裡，我只是靜靜地聽著媽媽哭泣，直到嗚咽聲逐漸平息。

「哭完了嗎？」

「還……沒……」

「怎麼了？到底發生什麼事？」

聽到我問發生什麼事，媽媽再次放聲大哭。

「媽，別哭了，妳先說說看啊。」

聽到我要她別哭，媽媽直接掛斷了電話。我低頭看著變暗的手機螢幕，忍不住輕聲嘆息。

總得知道是什麼事，我才能安撫媽媽，或是跟她一個鼻孔出氣罵人啊。我只是要她別哭而已，又不是表現得多不耐煩，有必要這樣就掛斷電話？我頓時百感交集，內心也隱隱作痛。但我還是努力將各種鬱悶心情暫時擱在一旁，把即將爆發的滿腹怨言使勁往某處塞，接著再次打電話給媽媽，可是直到那天深夜，媽媽都沒有接我的電話。

隔天我坐在筆電前寫文章時、打掃時、晾衣物時，都會不時看一下手機，可是媽媽始終沒有再打來。我停下飛快打字的雙手，拿起靜靜躺在書桌上的手機。要打嗎？還是不打？……苦惱了一會，最後還是放下手機，甩了甩頭。

這時，昨天見面的朋友傳了訊息給我：「我聽妳的話盡情大哭了一場，現在覺得舒暢一些了。謝啦，還有抱歉讓妳看到我的醜態。」

噗哧。我笑著關掉手機螢幕，卻突然想起前一天自己對媽媽做出的舉動。哎呀，就是這個，媽媽需要的也是這句話。

哭吧，哭也沒關係。盡情哭吧，沒事的。

我媽是個愛哭鬼，但每次我對媽媽說的話始終是：「別再哭哭啼啼了，妳還要哭多久？」我從來就不曾對媽媽說：「妳就痛快地哭一場，沒關係。」

悲傷、傷痛與痛苦，以及相伴而來的淚水，都是極為理所當然的情感，我究竟為什麼如此極力否定媽媽的淚水呢？

竭力壓抑的悲傷會變成毒，到頭來那種毒素會擴散至整個家庭，令所有人都受傷。這個名為悲傷，深深滲入媽媽體內，彷彿惡性腫瘤般的壞細胞，是靠著淚水這個媒介而獲得治癒。

「嗚嗚」兩個音節的哭泣聲，以及早於言語「撲簌簌」滑落的淚水，這兩者的合音，最後使媽媽得以痊癒。

過去的我，並不知道媽媽最需要的就是這些，就彷彿所有人用來表現悲傷的「哭泣」行為，唯獨不適用在媽媽身上。

我很少哭，我真的很痛恨哭，就連宣稱自己「真的無法忍受哭這件事」、自己不哭的藉口都是媽媽。後來才發現，我只是不想被別人抓到弱點、討厭輸的感覺、害怕自己顯得軟弱，才不想讓別人發現我的眼淚。可是就連這點，我都把責任的箭靶指向媽媽。

總是很輕易地對別人說的「哭也沒關係」，會不會正是媽媽和我最需要的一句話？

致無論是生病也不哭、悲傷也會忍住的我，又或者是生病會哭、悲傷也哭，卻因為看盡各種眼色而不敢好好放聲哭泣的媽媽：盡情地哭也沒關係，好讓媽媽因嚥下無數淚水而生鏽的胸口，再也不會發出嘎吱嘎吱的聲響。

無論是媽媽或我，從現在開始好好地哭吧，
哪怕是為了能更常露出笑容，
哪怕是為了將內心徹底清空，
還有最重要的——
這是為了我們。

到底該怎麼愛媽媽？

「不用賺什麼幾億幾兆，只要妳能理解一次我的心情就夠了。」

「那我賺幾億幾兆時，就算完全不給媽一毛錢，媽也不會失望囉？」

媽媽頓時投來凶狠的表情，氣呼呼地說為什麼我講話一定用這種口氣，明知她不是那個意思，還故意找碴。

懂媽媽的心情？不管怎樣我都搞不懂、總是歪著腦袋納悶的事情就夠多了耶。聽到媽媽說比起給她幾億幾兆，更想要孩子能懂一次她的心情，我覺得這也太難了，比世上任何難題都更難解、更複雜。

小時候我以為只要別讓媽媽操心、不闖禍，就是愛媽媽的表現。到了上大學時，我以為不喊累、不喊辛苦，默默像個大人般把自己的事處理好，就是愛媽媽。踏入職場後，我則以為愛媽媽就是時候到了要給媽媽零用錢、記得各種紀念日。而我至今依然如此，不是發自內心去愛，而是試圖以某種「行為」來填補媽媽的心。

「媽媽最期望我做什麼？」

「沒有，哪有什麼期望。」

「真的沒有？」

「啊！有一件事。」

「什麼？」

媽媽要我平時做個溫柔一點的女兒，說我明明對待其他人時都很和藹可親，但對媽媽就不是這樣。

仔細想想真是如此。和顏悅色、和藹可親，我對媽媽就沒有這些。若是媽媽重複講了幾次相同的話，我就會眼神斜睨、語帶厭煩地說：「媽，這件事妳已經說了五遍。」碰到媽媽小酌後打電話給我的日子，我會說：「媽喝醉了喔？」把媽媽當成發酒瘋的人。有一天我還對傷心落淚的媽媽說：「媽又在哭囉？」接著悄悄地嘆氣。

媽媽只是希望我能多愛她一些而已啊。

就算回鄉下老家也一樣。當媽媽想替許久沒回家的女兒準備這、準備那的時候，我卻只忙著拒絕媽媽的心意。

要不要做這個給妳吃？還是做那個給妳吃？面對興沖沖地詢問我的媽媽，我卻以「這要到什麼時候才能吃完啊，就算帶回去，最後吃不完也只是丟掉而已」來打擊媽媽。這個多帶一點吧、那個多帶一點吧，當媽媽一邊說一邊忙著替我打包時，我也會說：「別再打包了，我拿這麼多東西怎麼回去？」聽到我這樣說，媽媽的手頓時尷尬地停住了。明明都是媽媽訴說自己有多愛女兒的心意啊。

我真的不懂怎麼愛媽媽。我是個就算媽媽交出無數次自己的心，也不懂得該如何收下、理解媽媽心情的女兒。

我倒是說了很多希望媽媽能幸福，希望能讓媽媽開心的話，可是卻依然缺少了「心」。我不知道這會令媽媽哀傷，也不知道我有口無心的話，會讓媽媽感到孤單。而我依然大言不慚地說，我已經算是很懂得對媽媽表達心意的女兒了，卻沒意識到自己根本就不懂得愛媽媽。

所以媽媽才持續不斷地表達她的愛，對我這個絲毫不懂得愛的女兒，媽媽始終不放棄用她的方式教我如何去愛——以她輕輕拍打我屁股的手，以看著我露出的滿滿笑容，以溺愛的口吻喊上的一聲「海珠啊」。對於不懂得愛媽媽的我，媽媽的愛即是如此，是萬古不變的愛。

我並不是一開始就擁有能愛某個人的心。包括能裝下其他人的心也一樣，全都是來自媽媽。

在我的人生中，沒有一項是理所當然的，一切都是源自於媽媽，我這個存在絕對無法自行去愛，也無法自行學會，是因為媽媽才使一切變得可能。要是沒有媽媽，我就什麼也不是了。媽媽，是我能自行立足的心靈泉源。

儘管如此，我依然覺得自己唯獨沒有好好去愛媽媽，內心的某一角因此感到悶悶不樂。還真是稀奇，所以我又找到自己的方法，好好地摸索一番。經過思考，我試著平心靜氣地將想到的幾件事寫下。

以媽媽為優先的清單：

1. 每天打一通電話，聽媽媽的聲音。
2. 經常告訴媽媽我愛她。

3.媽媽替我準備什麼東西時，「絕對」不要拒絕。
4.要「溫順乖巧地」傾聽媽媽說的話。

還有最後一點，
儘管還有許多不足，儘管還很笨拙，
但今天，仍要以純度百分百的真心，
更加用力地擁抱媽媽的心。

在媽媽的心上釘釘子

「姊跟媽媽一模一樣。」在酒意微醺下，弟弟挖苦道。

事情的始末是這樣的。時間是不久前的新年連假。問題永遠出在這該死的佳節連假，因為這時總會有一定要舉行的例行活動。

總之這次連假的問題在於，弟弟開始吐露過去累積、猶如老廢物質的情緒。禍根是從飯桌上和媽媽一來一往的幾句話開始。

不知從何時開始，弟弟就算內心累積了什麼情緒，也不太會表現出來，有越來越多時候，他都是獨自消化。像是長男的宿命那類的也是。直到某一天，他終於「砰」地一聲爆發了。我靜靜地聽他說，心想他累積的情緒也不少。問題並不在此，因為家人之間也不是不能把過去失望、累積的情緒說出來。問題在於弟弟內心對媽媽的失望，最終轉為對媽媽的攻擊。

「妳知道嗎？媽真的很自私。」

聽到這如細針般尖銳的話，媽媽忍不住哭了起來。要是不就此打住，情況恐怕會一發不可收拾。我正打算出面調停，沒想到旁邊又有顆炸彈爆炸了。聽到哥哥的話後，身為老么的弟弟也加入行列。這麼聽下來，原來么弟也在不久前和媽媽出了點狀況。這兩個弟弟可真是會挑日子啊，我不禁嘆了口氣。看到兩個長這麼大的兒子怒氣騰騰，爸爸的內心大概也很焦急，一聲不吭地大口猛灌燒酒。

「差不多可以了吧，以為這裡就只有你們？到底是在幹麼？」爸爸站起身，把哭得一把眼淚一把鼻涕的媽媽領去客廳。

緊接著，三姊弟的第二次大戰開打了。

其實我也能體會弟弟們受傷的心情，打算安撫一下他們，「再怎麼說，你們兩個也不能對媽媽這樣吧？講話是不是太過分了？」

沒想到心情還沒平復的大弟改朝我開砲：「姊妳又懂什麼？」

「你是打定主意不聽勸了是吧？那就隨便你！你大概也不在乎家人吧？」

大弟把擺在自己眼前的燒酒杯往嘴裡送，以略帶嘲諷的語氣說：

「姊也跟媽一模一樣。」

我的情緒瞬間衝了上來，說時遲那時快，聽到這話的媽媽，帶著因憤怒而扭曲的表情大步走過來。

「你就不是我生的嗎？你姊姊像我是怎麼了？有什麼不對嗎？不管生得好或不好，我都是你媽，懂嗎？」

延續到第三次大戰的衝突就這樣達到最高潮，而負責安撫兩人的我最後也徹底爆發了。

「兩個人都別再說了！拜託！」

事情就這麼暫時落幕。

隔天，在我和弟弟一起北上的車內，我一邊開車，一邊以眼角餘光觀察坐在副駕駛座的弟弟，他似乎還沒有消氣。

「我跟你說，我不是那種會為人生感到後悔的人，不過也有過幾次後悔的瞬間。其中之一就是每次和媽媽吵架時，一股腦說出朝媽媽心上釘釘子的話。」

回想起那些往日回憶，我的淚水頓時湧了上來，說話時也不停哽咽。見到我這副模樣，弟弟也悄悄地心生動搖。

「你現在覺得自己不會後悔吧？但不是的。雖然那些話傷到了媽媽，但等到事過境遷，就會對自己造成傷害。」

弟弟帶著五味雜陳的表情將目光轉向了車窗外。

姊也跟媽一樣，這句話所帶來的意義，我似乎也能體會為什麼媽媽聽到這句話會勃然大怒。那是因為媽媽擔憂，自己的女兒會不會像自己像到連她也痛恨的地步。或許那副模樣是自己也不願給誰看見，亟欲隱藏的一面。

不只我媽，任何人都有自己討厭的一面。但當我的孩子也做出同樣的舉動時，當下是不是會覺得，最不想被人發現、最羞於見人的部分，卻被別人給發現了？

不過，我希望媽媽不要為了這種事傷心。
媽媽說了，不管生得好不好，我都是你媽。
這樣就夠了，因為我深愛著媽媽。
而這是我能與媽媽站同一邊的唯一方法。

心，熾熱地疼痛，冰涼地燃燒

電視頻道轉來轉去，為了排遣無聊，最後視線固定在某個節目上頭。

「對爸爸來說，幫豬準備飯、田裡種的菜這些事，比我更重要吧？」尖銳挑釁的聲音來自一名小女生，看起來大概十歲左右。這段節目剛好在說小女孩纏著爸爸說要去遊樂園玩，但農活正忙碌，加上人手不足，所以父親只能回絕女兒的請求。

看到鄰居的其他孩子暑假不是跟爸爸去搭火車，就是跟媽媽去海邊玩，只有小女生沒有，她不只是失望與受傷，甚至滿腹委屈。

看到這裡，我回想起自己也有類似的情況。

幾年前大弟碰上了麻煩，那年對我來說，是一日如千年般的煎熬時期。

即便收到消息，得知大弟發生了非常嚴重的狀況，爸媽也沒辦法上來首爾，因為當時正值水果採收的季節，假如錯過採收季，等於一年的血汗和辛苦就要付諸流水了，中斷所有工作的損失實在太過慘重。因此，要叫爸媽為了大弟的事放下所有手邊工作跑來首爾，不是那麼容易的事。從手機那一頭傳來媽媽的聲音，聽起來不像在掙扎，也不是在唉聲嘆氣，而是非常埋怨此時發生的狀況與時間點似的，左右為難地在空氣中滾來滾去。

「為什麼偏偏是在這種時候，為什麼……」媽媽哽咽地說。

媽媽居然說「偏偏」。

「所以妳不能來嗎？媽，現在〇〇都快死了！現在是在農活與子女之間糾結的時候嗎？他要是死了，媽媽也打算只顧著農活嗎？」

太離譜了。農活到底算什麼？孩子都快死了，還有什麼比這更重要的？難道要等孩子死了，又要說因為農活的緣故辦不了葬禮嗎？我停下腳步，在街上失控大吼，一屁股坐在地上痛哭失聲，手機那頭的媽媽最後也忍不住哭了出來。

「不然要大家一起死嗎？農活搞砸了，全家人就抓著這件事不放，然後吸手指頭過活嗎？身體就只有一個，到底是要叫我怎麼辦？妳說啊？……」

我完全聽不進媽媽說了什麼。當時我腦中是這麼想的，就算全家人只能吸手指頭等著餓死，媽媽也應該要來。畢竟是媽媽耶，再怎麼樣，怎麼能把農活看得比孩子更重要？可是媽媽直到最後都「沒辦法」來首爾。

在那之後過了多久？我藏在內心深處對媽媽的失望與各種情緒越釀越濃，導致我必須隱藏自己被寒氣圍繞的心，渾渾噩噩地度日。直到之前有一次回鄉下老家，從鄰居阿姨口中聽到了那個事件發生的那年，媽媽是怎麼度過的。

聽說媽媽食不下嚥，不是急得跺腳，就是無力地坐在地上哭。在果園摘水果時哭，抽菸時也哭，以燒酒撫慰心中的痛時也哭，就這樣哭成了彷彿即將踏入棺材的人。阿姨說，媽媽臉上鑿出了兩道深深的淚痕。

想必媽媽的心情不是燒得烏黑了，而是融化發青了。媽媽全身的內臟都化成水了，所以整個人搖搖晃晃、連腳步都站不穩了吧。

孩子都快死了，卻無法立刻跑去看他，因而對「偏偏是這時候」感到怨嘆；只因感覺這樣是死路一條，那樣也是死路一條。內心焦急如焚，以致肝腸寸斷，每天每天都活在痛苦之中。我完全無法想像媽媽的心情，無法想像有別於每天只顧著埋怨的我，媽媽那因罪惡感而斑駁的心。

因為當時的事，媽媽從沒好好哭過一次。當時的媽媽是帶著什麼心情捱過那些日子的呢？折磨自己脆弱的身軀直到枯槁為止，媽媽的內心始終沒有停止痛哭。

「偏偏」這兩個字包含了媽媽不計其數的心情。艱辛地嚥下沿著食道竄上來的苦水，最後吐出的這句話想必是這樣的心情。

為什麼這種事「偏偏」發生在我孩子身上，

為什麼「偏偏」碰到像我這樣的媽媽，什麼忙都幫不上，

為什麼「偏偏」我們家是種田的，

為什麼「偏偏」……

既沒有固定的答案，這個問句最後找到的，就只有「偏偏」。對媽媽來說，那天的記憶是否依然是傷口？只要靜靜窺視停留在那天的媽媽的心情，就會想要撕心裂肺地哭喊。不知道媽媽的內心其實早已焦急萬分，卻只顧著埋怨，我感到很抱歉。沒有考慮到媽媽比任何人更肝腸寸斷，我感到很抱歉。這不是媽媽的錯，媽媽沒有做錯什麼，任由那樣的媽媽獨自背負一切，我真的真的感到很抱歉。

媽媽，請不要有任何罪惡感或看孩子的臉色。
當時的媽媽，
只是盡力做了一個媽媽當時能做的。

Part 3

關於當女兒這檔事

我是K—長女

「姊，妳知道K—長女嗎？」和先前同在一個辦公室工作的設計師聊起近況時，對方這樣問我。

K—長女？我納悶地反問，於是她開始娓娓說來。就是即便家中有長男，卻必須負責家中大小事。家中要是發生什麼事，父母第一個會找的人。面對媽媽無理的要求，先是嚴詞厲色地說沒辦法，但十分鐘後又會心軟，答應媽媽的要求。但儘管如此，最後還是最容易被說閒話或被唸。

「媽媽們好像都很會利用這種部分。」

聽到她的話後，我很自然地懂了什麼叫作「笑著笑著就哭了」的心情。

K—長女，意思是Korean長女，我也是K—長女。是在爸爸、媽媽之後，負責家中大小事的人，是家中若發生什麼事，最先接到聯繫的人，是即便偶爾接到媽媽無理的請求，也會心軟答應的人，是即便做到這樣，也難以聽到一句稱讚的人。

我仔細地回顧人生，驀然發現自己至今活得真是有夠提心吊膽。媽媽離婚後，我和弟弟由外婆撫養長大。雖然現在離婚這件事在社會認知中算是很普遍，但當年媽媽離婚時卻不是什麼常見的事。無形中，身邊的人看我的視線也戴上了某種程度的有色眼鏡，而那樣的視線磨破了我的皮膚、劃傷了我。

外婆沒有忘記叮囑我們姊弟幾件事，以免我們遭到世人的指指點點或異樣眼光。如果不想聽人說被外婆帶大的孩子沒家教，看到大人就要有禮貌地打招呼，和別人交談時不要太多話，多聽別人說什麼，因為人只要話講多了就會失誤。就算有話非說不可，也要三思後再說出，因為所謂的言語就跟水一樣，一旦潑出去就收不回了。要是有人請你吃兩次飯，你也一定要請對方吃一次飯，人際關係這回事，就要靠一來一往的情意維繫，緣分才能長長久久。

我將外婆的囑咐刺在心上、刻在腦中，努力再努力。不，我是拚了命在努力，只為了被肯定，說我比有父母照顧的孩子們更優秀。我也常對弟弟耳提面命，說到他耳朵都要長繭了，就是為了不讓他忘記。

小小年紀，連照顧自己都有困難了，還得照顧弟弟，還得為了不犯錯而戰戰兢兢。這樣的時光，在無形中把「責任感」三個字深植在我心上。責任感來自他人的要求，但有時家人的強迫更加尖銳。好比妳是姊姊，必須多忍耐；妳年紀比較大，怎麼可以和弟弟做一樣的事？要是媽媽不在，妳就要扮演媽媽的角色之類。

隨著時間過去，責任感的分量逐漸加重，到後來，張海珠不見了，女兒也不見了，只剩下一個身為長女的小女生，孤零零地在家中。我被要求要有責任感，我也為了盡到責任而拚了命。有時明知我不必刻意去做某件事，又會基於不做好像不行的罪惡感，替自己賦予責任意識。

身為長女的重量即是如此。或許是我作繭自縛，將自己囚禁在無法承擔的高牆內，又為了跨越而傾注全力。直到最後我厭倦了這痛苦的人生。隨著年紀增長，我所打造的長女角色益發沉重，但想到我並不是能承擔此重責大任的人，因此有段時間我感到既羞愧，又彷彿被剝奪了什麼。

到了這個地步，我乾脆把眼睛緊緊地閉上，因為這一刻我明白了，到頭來我一個人什麼都做不了。

父親、母親大人，

就這麼一次，讓這個至今因身為長女而吃足苦頭的女兒說句話吧。

要是你們能偶爾稍微善用一下兩個優秀的兒子，

我會真的真的、超級超級、非常非常感謝你們。

合上雙掌，懇切地，拜託你們了。

為什麼媽媽從不跟我說謝謝？

二〇二一年一月二十日，星期四，下雨的午後。

最近待在家的時間很多，因此每天追劇、追綜藝節目、看影片的時間越來越多。我為了工作看，無聊時也看，寫不出稿子感到煩悶時也看，就這樣看了又看，到後來甚至開始重刷家庭人間劇場。

在這部電視劇中，最令人印象深刻的人物是大女兒恩珠。這個角色外表看起來冷冰冰又一臉刻薄，其實內心比誰都細膩。相較於表現情緒，她會用一個表情、一句脫口說出的話來傳達自己的心情。這個角色感覺跟我不一樣，卻又莫名有些相似。

關於我和恩珠相似這點，身邊的人可能會大感意外，因為我會表露出冰冷、刻薄的一面，或許就只有在媽媽或家人面前。

劇中出現了這一幕。恩珠代替腰受傷的爸爸，在大學期間撐起一家之主的職責長達七年，在家教與打工中度過了青春年華。後來過了許多年，恩珠也已經結婚的某一天，爸爸把一本存摺遞給恩珠，說這是恩珠代替自己擔任一家之主七年、是對她付出青春的報償，說很謝謝她。

恩珠立即跑到媽媽面前，將存摺遞給她並質問：「為什麼媽不跟我說謝謝？」

媽媽以濕潤的雙眼看著恩珠說：「那歲月有多長啊，怎能用一句謝謝就償還妳的七年？如何能取代……」看到媽媽紅著眼眶說出這段話的場面，我也忍不住哽咽，頓時內心有股滾燙的情緒湧了上來。

是啊，我也那樣，我也同樣想對媽媽說出相同的話。

「媽為什麼不跟我說謝謝？」

幾年前，家中遭逢變故時，我去貸款解決了問題。後來整整六年時間，我為了償還債務而卯足全力。因為忙於工作，連一頓飯也沒辦法好好吃，連一次覺也沒睡好，只求多接一個節目趕快還完債務。為了還債，我將所有青春磨碎後投入的時間，也是七年，而我也沒有從媽媽口中聽到一句「謝謝」。

我突然感到好奇。為什麼媽媽一句話、一次也沒說過，這些時間謝謝妳了，我的女兒一定很辛苦，辛苦妳了。是看得太理所當然，抑或是如同電視劇中恩珠的媽媽般，懷著深沉的心思？

我無法輕易地開口詢問，媽媽的心思是屬於哪一邊。儘管時而失望，時而鬱悶，有時也氣得想破口大罵，我卻無法宣洩出來。我腦中浮現了在我丟出提問的瞬間，媽媽臉上會出現搜尋適當回嘴臺詞的表情。或許媽媽會因為一時慌了手腳而拉高嗓門，或哭哭啼啼好一陣子。雖然只是我的想像，但媽媽十之八九會哭，一邊說著自己沒能替女兒做些什麼。

比起媽媽回答不了問題，我更不希望媽媽認定「果然我可能到死之前，都會成為我女兒的包袱」，認定自己是沒有替女兒做些什麼的媽媽。我不想讓媽媽變成那樣。我沒有自信讓媽媽把自己關起來，讓她的內心充滿罪惡感。因為那真的會導致媽媽變得很悲慘那會讓我無顏再見媽媽的臉。

直到某一天，我在和朋友聊天時找到了關於這個問題的答案。不知怎地，我們聊起父母與子女的主題，打開了話匣子。兩位朋友是各生了兩個孩子、五十多歲的媽媽。父母就是這樣、孩子就是那樣，就在我們一來一往地聊著時，其中一位這麼說：

「我們那年代都是聽大人或媽媽說這種話長大的，說要發自內心去愛子女，不要表面上死抓著不放，而是要從內心最深處去愛。」

從內心最深處。那一刻我突然說不出話來。又不是在玩什麼捉迷藏，要用什麼方法才能知道那被層層包裹起來的心思？

可能是看出我臉上的困惑，朋友露出淺淺的笑容，接著說：「當然無法理解啦，要用什麼方法知道呢？所以那根本不是什麼好方法，是錯的，就是要表現出來才會知道嘛！」

我靜靜地回想那天的對話，突然萌生了這種想法。媽媽會不會也是在用自己的方式，表現她的愛呢？

像是她會問：「女兒，電視購物的短靴好漂亮啊，妳喜歡什麼顏色？」或是過了幾天後，又叮囑：「寶貝女兒，天氣冷死了，媽媽買了件羽絨長大衣要給妳。首爾那邊更冷，妳不要捨不得，要穿上再出門，別感冒了，知道嗎？媽媽之後會再買給妳。」

夏季、冬季，或是我搬家的日子，媽媽又會說：「我寄了一套床包組，這次我去妳那邊，看到棉被都起毛球了，實在很礙眼。妳就蓋上乾淨蓬鬆的棉被好好睡一覺，每次都說睡眠不足……」

就算沒有說謝謝，就算沒有說對不起，媽媽也用自己的方式在向我傳達她的心意。反而是我，總以「理所當然」的態度在看待媽媽的愛。世代更迭，相較於善於表現、誇自己的孩子最好最棒的媽媽們，我的媽媽依然沒辦法做到，不過也沒關係。就算沒有那些，我也知道媽媽是打從內心最深處愛著自己的孩子。以媽媽特有的，愛的方式。

所以往後我打算試著挑戰，先對媽媽說我愛她，先對媽媽說謝謝她，以及先對媽媽說對不起。

媽，跟妳說喔，

我們以後也一起這樣說話吧，

該道謝時就說謝謝，該道歉時就說對不起。

以後我會先表現出來的。

謝謝妳、對不起、我愛妳。雖然平常也不是完全不說這些話，但總覺得媽媽和我會在重要時刻錯過機會，到最後誤解彼此的愛、互相發脾氣、互相傷害、在彼此眼中變成反派角色。

所以媽，我的意思是……

對不起我誤會了妳，

謝謝妳愛我。我也是發自真心地，愛著媽媽。

媽媽跟我同一國？

有一天朋友哭著跑來找我，說自己真是搞不懂媽媽為什麼會這樣。我聽了來龍去脈，得知朋友的媽媽似乎對她的男友造成了極大傷害。把男友介紹給媽媽認識那天，朋友的媽媽是這樣說的。一言以蔽之，就是我女兒是最棒的，能遇見我女兒這樣的人是你的幸運。以你這樣的標準，不管到哪都遇不到像我女兒這樣的女人。

為什麼我一方面覺得阿姨說話太重，另一方面又忍不住感到欣羨呢？一想到這，突然有種說不出的苦澀。

許多年前，我因為和朋友吵架而悶悶不樂，猶豫到最後，才向媽媽吐露自己的煩惱，可是媽媽卻說，對方一定是因為這樣或那樣，想必有什麼苦衷才會這樣對妳吧？我不是不懂媽媽的意思，但內心還是忍不住失落。此時此刻，這短短的幾分鐘，難道媽媽就不能這樣對我說嗎？

「是誰這樣說我女兒的！媽媽替妳教訓他！」

要是媽媽能捲起袖子，稍微露出氣呼呼的樣子，這樣也就足夠了，我想要媽媽做的，只是能夠全然地與我站同一陣線。

就算我犯了點錯、做了不怎麼好的事，還是希望媽媽能夠只是給我一個擁抱。明明內心已經因為和某人吵架而傷痕累累，偏偏又在相同的位置上多了第二道、第三道傷痕，而且因為是媽媽，所以感覺更痛苦、更心碎。我現在需要的，明明是不會讓傷口發炎得更厲害的防疤軟膏啊！我想要的不是媽媽義正嚴詞的忠告與建言，告訴我是非對錯，而是輕輕拍拍我、給我溫暖的擁抱。

但每次碰到決定性的瞬間，媽媽依然不會與我是同一國，想到此就不免一陣心酸、心痛。當然了，要是媽媽質問我：「女兒，妳就每次都跟我同一國嗎？」我也無法說出肯定的答案。

或許在這個事實面前，我們始終會變得如此敏感，正因為我們不是他人，而是母女的緣故。

有些時候，看到媽媽這種反應時，我會生氣地挑釁：「媽！妳替我說句話是會少塊肉嗎？」

媽媽也會反擊：「妳就偏偏要挑一些模稜兩可的事要我替妳說話。」就是因為模稜兩可，才更需要媽媽的護航啊！

假如是顯而易見，大家都能分辨是非對錯的事情，就沒必要特地說給媽媽聽，還纏著要媽媽「抱我一下」了啊。那種情況我自己就能充分解決。可是世事哪能盡如我意呢？畢竟就連眼前一吋遠也看不清、到處都突發狀況連連，就是人生啊。

需要媽媽，不正是基於這種理由嗎？因為同樣是女人，因為是走在前頭的人生前輩，還有最重要的，因為是媽媽。這是一種想依靠識得人生滋味的人的心情。

在這世上出生，任何人都只活一次的生命，每個人過的都是第一次的人生。可是如果在這第一次，看到某人率先走在前面的痕跡，就會不由自主地感到安心。倘若那是媽媽的足跡，就更是如此了。

當初次面對的問題堆積如山，不知該從哪裡開始解決時；當這個人說這樣，那個人又說那樣，因此感到混亂時；分不清孰是孰非時；最重要的，是我迫切想知道自己現在是否走在生活的正軌、是否做得很好時，我都需要媽媽——自始至終都會與我同一國的媽媽。

我希望媽媽可以不管三七二十一地就替我說話，就算覺得倒胃口，也可以眼睛一閉地對我說：「做得很好！我的女兒真棒！」若是碰到心情憂鬱、悶悶不樂的日子，希望媽媽可以靜靜傾聽我的心情。儘管如此可能會在別人眼中，覺得媽媽是女兒控，但偶爾，我會暗自對媽媽產生這樣的期待。

不管怎麼說，

我是媽媽的女兒，這件事是不會變的。

照顧媽媽前，先照顧我自己

「忍就贏了！」這句話曾經是種美德，但如今它變成最適合找冤大頭的話。事實上，細細咀嚼並檢視這句話的意思，會發現它說得並沒有錯，因為我就沒見過性格急躁或容易生氣的人是不吃虧的。可是，就算是忍耐也必須忍「對」地方，想必這句話並不是說，要忍到生病了才算贏。

在我的成長過程中，最常聽到的其中一句話就是「忍就贏了」，可是我敢保證，我一次也沒有因為忍耐而贏得過什麼。

就算在工作時遭受不當待遇，有人對我出言不遜或做出越線行為時，我都使出吃奶的力氣忍了下來。可是當怒氣爆發時，我想著既然我已經忍無可忍，對方也應該明白我的心情吧，但結果是ＮＯ。當我把怒氣釋放出來時，對方反而會認為我是瘋婆子。

當這種事情反覆發生，無形中我也成了隱藏自身情緒，不懂得照顧自己，反而忙著先擔心對方的傻子。有一次我實在是難過得受不了，於是向媽媽訴苦，而媽媽的回答始終如一。

「女兒啊，妳有多忍耐，有多辛苦，就會得到多少補償。」

為了補償這玩意，所以把現在的我推進地獄，這樣做真的對嗎？我不禁產生懷疑，而且也很好奇，媽媽又有幾次是因為忍耐而贏了？碰到那種情況時，媽媽又獲得了什麼補償？

直到過了三十歲，我才開始理解「忍就贏了」的真諦，但在那漫長的歲月裡，我真的以為只要忍耐就都能贏，因此發了瘋似的一忍再忍，直到怒氣一發不可收拾地向上竄，以致當一觸即發的怒火關在體內變成一種不可抗力，最後不得不吐出時，我必須面對「我該不會是患了憤怒調節障礙吧？」的恐懼與害怕。

更多時候，我自己反而因為忍耐而吃虧，或被當成傻子，所以有時我真的很好奇媽媽是否真的有什麼特別的妙招，還曾認真思考是不是要請媽媽幫我特訓。

總之，這句話最適用的情境，就是在媽媽和我的摩擦達到頂點時。不久前，某個去看牙醫的早晨，我和媽媽起了點小口角。媽媽在通話之中憤而掛斷電話，我輕輕地嘆了口氣，覺得胸口快要爆炸了，所以也就沒有再打給媽媽。平常都是我先打回去確認媽媽的心情，先安撫她，但這次我就是不想這麼做。因為我也受了傷，我認為自己的心情才是第一順位，認為此時我的情緒才是理直氣壯的。

如果說我是先檢視媽媽的心情，而沒有先擁抱自己的心，那是在說謊。我只是不想成為長期放著媽媽不管的壞女兒，不想聽到別人說我是不理會媽媽的糟糕女兒罷了。到頭來，在傷口的名義底下，沒能檢視自己內心的時間層層累積，直到最後「砰！」的一聲爆發，導致我陷入無法控制的情緒漩渦中。

子欲養而親不待，因此趁父母在世時要好好盡孝道。這句話說得沒錯，所以我用這樣的視角不斷努力理解媽媽，也因此有許多時候沒能好好照顧自己。無論是生病時或開心時。

可是偶爾，我也需要先把媽媽放在一旁，以自己為中心。直到現在，我才在挑戰如何全然地看著自己，如何盡情地享受這件事，而不是只看著媽媽。

我深信唯有如此，無論是媽媽或我，才會懂得更珍惜彼此、更愛彼此。

女人的敵人是女人

敵人：

1. 彼此爭吵或想傷害對方的人。
2. 比喻對某件事有害處的要素。
3. 競賽或比試時一較高下的另一方。

這是「敵人」在字典上的意思，也是普遍來說用來區分「你方」或「我方」時常用的說法，而我和媽媽之間，也存在著「敵人」與「你我方」。

有人形容夫妻是最近卻又最遙遠的關係，轉過身就是陌生人，彼此面對面時就是親愛的人。可是要形容最近卻又最遠，我覺得母女關係無疑更親密也更激烈。雖然有人覺得這種想法太過無情，但單就事實來看，夫妻是在完全無法擁抱彼此時決裂，父母與子女之間卻沒辦法這樣做。難道能因為不喜歡就決裂或拋棄嗎？儘管偶爾會有父母與子女變成死對頭並斷絕關係，但即便如此，也無法連同內心的記憶一併消除。

決裂的夫妻可以乾脆地忘記彼此，即便時而想起對方，心中也不會有多不捨的（雖然無法說這想法是絕對的，但透過身邊聽到的故事可如此推測）。或許根本什麼都感覺不到，那人就只是在記憶的另一頭罷了。

父母與子女卻無法這樣。就算數十年沒有往來，也無法將他們推到記憶的另一頭，只能努力那樣做而已。畢竟所謂的父母子女，即是無論好壞，想起時都無法無動於衷的關係。事實上，考慮離婚的夫妻之所以無法一刀兩斷的理由，不也是因為孩子嗎？

因此有時我會想，媽媽與我的關係說不定比夫妻更親密也更激烈。我們是彼此人生中，絕對甩不開的那種存在。之所以會有這種想法，或許是因為媽媽和我起衝突，或是想徵求我全然的同意時會說的一句話。

「妳是我軍，還是敵軍？」

有時我也會借用媽媽這句話，特別是在我和弟弟吵得很激烈，我跟媽媽打小報告，說弟弟在我面前很沒分寸時。靜靜地聽我告狀的媽媽則是這樣說：

「哪有分哪一邊？媽媽誰那邊都不站，我是中立的。」

說什麼中立嘛。當媽媽不肯站我這邊時，就會立刻說我是「敵軍」，卻對我說自己是中立，我聽了只覺得氣結與荒唐。

儘管站在媽媽的立場上，會覺得自己怎麼能站在兒子那邊或女兒那邊，所以我也不是無法理解媽媽口中的「中立」，但心中還是很不是滋味，對這答案很不滿意，也覺得這說法很不乾脆。這比媽媽直接說「媽媽是站在兒子那邊」更令人煩躁，讓我想抓狂。

仔細想想，媽媽和兩個弟弟並不常吵架。應該說是吵不起來，因為媽媽要是說了什麼不好聽的話，兩個弟弟的反應基本上都是「媽，對不起」或是「好，我知道了」，再不然就是默不作聲。大概是因為這樣，媽媽在兩個弟弟面前拉高嗓門或大聲嚷嚷的比例要比我低。

總之，媽媽和身為女兒的我爭吵時，氣氛就不太一樣了。媽媽會向兩個弟弟說對不起，也常說「媽都不懂你的心情，你一定很傷心吧？」這種話，卻不會這樣對我說。就算有愧於我，媽媽也會說「有什麼好對不起的」，要是我稍微嘮叨個兩句，媽媽就會明顯露出不耐煩的神色說不想聽。儘管媽媽會說自己對女兒和兒子都很公平，但站在我的立場來看，才不是，一點也不，因為媽媽從來不會在我面前服輸。

媽媽之所以這樣，究竟是因為女兒也是女人才覺得好欺負，不把我放在眼裡，又或者真的是女人之間的暗鬥。在這種情況的最後，我都會想起一句話——女人的敵人是女人。媽媽與身為女兒的我固然是同一陣線，但這代表我們是「敵人」時也能共存。

在我們處於「敵人」模式的某一天，我突然一股腦對媽媽說了這樣的話：「我想來想去啊，都覺得我是缺愛，才會每次都談那種戀愛。」

當時媽媽的眼神是這樣說的：妳居然能把這麼牛頭不對馬嘴的話說得這麼順。

「那怎麼會是我的錯？說難聽一點，我什麼時候叫妳淨挑那種人交往了？當初妳自己愛得死去活來，現在回過頭來說都是我的錯，真是奇怪了。」

「就是因為媽媽不愛我啊！錯就錯在這裡，所以是媽媽的錯！」

媽媽錯愕地看著我，啞口無言。

我知道這番話充滿歪理，但就算我說了一大堆抱怨和不可理喻的話，我還是想聽到媽媽是站在我這邊的，想聽到媽媽說，無論妳做了什麼都沒關係，所以別擔心。

所以媽，有時妳就說說這句吧。

「媽媽會無條件站在妳這邊。」

想得到媽媽的安慰，卻總是得到大道理

有時和媽媽起衝突時，若是我把媽媽錯誤的地方一一指出，媽媽就會立即吐露不滿：「妳老是想糾正媽媽！每次媽媽稍微做錯了什麼，妳都不肯放過。真受不了！」

雖然我很想事先聲明，與其說是糾正，更像是媽媽與女兒之間都會上演的意見衝突，但非常討厭輸給女兒的我媽不怎麼願意接受。因此，我們的衝突始終像是莫比烏斯帶那樣無限循環。

我曾經有過不管做任何事，都覺得彷彿有一道高牆擋在面前，內心只覺得鬱悶難解的時期。以嘆氣展開一天，也以嘆氣結束一天，全身的神經也如尖刺般敏感，因此我成天窩在家裡，鑽進了屬於自己的洞窟。

我懷著各種思緒滑著手機，最後打電話給媽媽，說了一大堆參雜埋怨的話，媽媽卻開始講起各種大道理，怎樣也不肯偏離正道。

我明明是想被安慰才打電話的，卻好像一直在被訓話，於是敏感的神經再次一根根豎了起來。

當然，站在媽媽的立場思考，看到女兒正經歷艱辛鬱悶的時期，父母給予建言並沒有錯，只不過我此刻需要的不是建言或判斷，而是媽媽平時最擅長的那句「媽媽做好吃的給妳吃，回家來吧，女兒」。而且當時的我，完全無暇去思考媽媽說的那些道理。

不知不覺地，對話逐漸開始以媽媽的立場為中心。本來是想要清空內心穢物般的情緒，才跑去依靠媽媽，最後卻演變成就連內心小小的縫隙都得再硬裝進什麼的情況。

「媽，妳就不能靜靜地聽我說嗎？」

我只希望媽媽可以暫時停止想說的無數話語，默默聽我的故事。忍耐多時的淚水突然沿著臉頰流了下來，我感到既失落，又好像有什麼湧了上來，無法克制自己的情緒。最終，內心有一角撕裂開來。

「我現在又不是想要求媽什麼，難道說一句『原來我女兒覺得很辛苦啊』，有這麼難嗎？」

見到我咄咄逼人的反應，媽媽頓時慌了手腳，說她只是擔心我才這樣說，難道我這樣是犯了什麼滔天大罪嗎？

這不是誰做得好、誰做錯什麼的問題，我只是很受不了這種情況，只是對媽媽表達自己的失落罷了。當媽媽內心受傷時，如果我不肯好好傾聽或說些大道理時，媽媽自己還不是會用老大不高興的口吻說：「知道了，別再說了。」哪有媽媽這樣的？

「看妳這樣，媽也覺得很失落。」

即便是在這一刻，聽到媽媽的一句「我也覺得很失落」，我也會為了理解媽媽而絞盡腦汁，而不是先顧慮自己的心情。接著，轟隆……我聽到內心的某處有什麼正在坍塌的聲音。

究竟是從哪裡開始出錯的？是我盼望媽媽能聽我說話的心情造成，抑或是媽媽企盼能稍稍安撫寶貝女兒的心思使然？總覺得媽媽與我，走在彼此絕對無法相遇的平行線上，一直無法產生交集，兩人就這樣站在看不到盡頭的路上。或許我們會一輩子都無法相遇。

帶著彷彿被媽媽拒於門外的心情而露出苦笑時，這句話突然在心底探出了頭——我又不是全盤接收的人。我也會有想要被理解、想要依賴或想哭的時候啊，即便是在這樣的時候，比起自己，我也會先關心媽媽是否真的感到失落而傷透了心啊。

我雙手抓著徹底撕裂的心掙扎著，而後想起了先前看過的某部大自然紀錄片。那是蜘蛛媽媽被剛破卵而出的蜘蛛寶寶啃食的畫面，讓人看了飽受衝擊，可是更令人衝擊的，是蜘蛛媽媽自行將身體交給了自己的孩子們。

我又不是全盤接收的人。或許這句話的意義是這樣的——蠶食媽媽的心臟與內心的行為。當心生病時，我應該換個方式來取代「我又不是全盤接收的人」才對。

「媽，我生病了，我的心好像生病了。碰到這種時候應該怎麼做？」

我的媽媽，一定會告訴我很不錯的方法。

媽媽的小報復

不久前，我不經意地瞥了一眼媽媽的新手機，突然心生好奇。

「媽，妳是用什麼名稱儲存我的號碼？」

「妳？就用女兒啊。」

居然是女兒，沒有任何形容詞的「女兒」。

雖然也沒特別期待什麼，但總覺得有點失落，內心十分苦澀，不是太開心。朋友的媽媽們，都會在自己的女兒名字前面裝飾了各種好話呢。

「就只有女兒？沒有別的了嗎？」

見我一臉失落，媽媽突然大笑，說其實不久前還是用「親愛的女兒」，可是幾天前媽媽改了名稱，變成只有「女兒」。

儘管我並不是特別在意我在別人手機中被存成什麼，卻突然好奇起理由。

「為什麼改了？」

媽媽的回答簡單明瞭。

「我們不是吵架了嗎？」

我的天啊，只是因為吵了點架，就連同手機儲存的女兒名稱都改了嗎？

我媽是個充滿少女情懷的人，要是對子女有什麼情緒，必然會用自己的方式表現出來，就像把改掉儲存在手機的名稱一樣。爸爸或兩個弟弟也逃不掉這種待遇，這應該算是媽媽專有的一點小報復吧。

但不管怎麼說，還是有些超過了，就算和媽媽吵完架後，我的手機內媽媽的名稱也一直是「媽媽」耶。我會產生無比委屈、吃了虧的心情，自然也是無可奈何的。

「那我也要改！」

我迅速取出手機，媽媽立即出聲制止。

「妳別改，這樣是犯規！」

什麼犯規，究竟是哪一點犯規。這又不是最近流行的「我浪他不（我做就是浪漫，別人做就是不倫）」。媽媽自己都改了，卻叫我別改，是在硬拗什麼。

媽媽看著一臉傻眼的我說，妳現在沒有討厭媽媽到非改名稱不可吧？雖然我實在是很想問媽媽哪來的自信，但想到會這樣解讀的人，果然也只有媽媽了，於是忍不住大笑出聲。這確實很像我媽的作風。

「媽之前就那麼討厭我？」

「討厭啊，甚至想打妳一拳。」

「現在呢？」

「氣消了，現在不討厭了。」

「那為什麼名稱沒改回來？要恢復原狀才對啊。」

媽媽想了一下說，她不想。

聽到媽媽說不想，我更覺得莫名其妙。狀況都已經解決了，為什麼還要這樣？該不會是心中留有什麼疙瘩吧？結果媽媽說，現在是「冷靜期」。

冷靜期，是夫妻申請離婚時，為了防止草率決定離婚的制度，沒想到媽媽和女兒也需要冷靜期？

聽到我發出彷彿氣球漏風的笑聲，媽媽說，雖然狀況和情緒已經告一段落，但總覺得不怎麼信得過女兒，她擔心要是把手機名稱改回來，女兒又會馬上背叛媽媽，那慘遭背叛的感覺又會多好幾倍。「女兒」這個我對媽媽來說十分明確、再正直不過的名分，時而卻成了媽媽對傷透自己心的女兒所能做的最大報復。

「所以妳就放任我這樣報仇吧。如果不這樣做，我就會因為積鬱成疾而患上失智症，到時難道妳要負起責任嗎？」

所以我把媽媽的話整理如下：

1. 吵架時，就算媽媽改了手機來電名稱也不追究。
2. 別對更改的名稱說三道四，強制要求媽媽恢復原狀（不然媽媽可能會患上失智症）。

要是不肯接受這種條件，也還有別的方法，那就是別惹媽媽生氣。

媽，我們好好相處吧！
讓已經儲存好的名稱不必有再改的機會。

嘮叨也是愛？

媽媽的嘮叨已經持續二十分鐘沒有間斷了。我不過就是丟了個非常微不足道的問句，媽媽的各種意見卻隨著我的一個問號，猶如盛夏的暴雨般傾盆而下。

我媽算是挺會嘮叨的類型。當然了，媽媽會說自己不是單純在嘮叨，而是媽媽的愛。聽到「媽，妳又在嘮叨了」時，媽媽都會這樣回答。這都是父母為了子女著想的心，是因為妳沒當過父母才不懂。

「妳知道有一個九十歲老人對七十歲的兒子說了什麼嗎？在外面要小心車子、要按時吃飯……父母就是這樣，就算妳六十歲、七十歲了，對媽媽來說依然是個孩子。」

因為從小沒辦法在孩子身旁嘮叨，替孩子準備這個準備那個，所以媽媽才想趁現在替孩子做點什麼。儘管有時我會試著揣摩那份心意，安分地聽媽媽嘮叨，但有時迫於現實所逼，真的沒什麼有餘力去傾聽、容納媽媽的那份心意。碰到這種時候，我也同樣會說出我的心情——當然是盡可能以不傷到媽媽的心為前提。

「媽，妳講這些替我著想的話是很好，但我現在不方便聽。」

不管我再怎麼小心不讓媽媽受傷，媽媽似乎還是沒辦法避免那種自己的心意遭到女兒拒絕的心情，於是她也向我表達自己內心的失落。

「妳每次都覺得媽媽是在嘮叨吧？妳真是不懂父母心。」

我懂媽媽是出於擔心才嘮叨這些，也懂媽媽是太愛孩子才如此苦口婆心。但有件事是媽媽不知道的。媽媽認為子女根本不懂得媽媽的心，但子女並不是不懂，只是因為父母和我的生活不同，媽媽和我的想法、各自期望的東西都不同而已。

我只是希望媽媽能稍微敞開心胸去接受，儘管過去媽媽曾和我流著相同的血液，在同一個身體內感受彼此心跳的時期，但我們仍是人格截然不同的個體。雖然如此，這世上也沒有比我們更理解彼此、更願意為彼此加油的存在了，而且因為妳是我的媽媽，我也多少希望能獲得媽媽的肯定。

或許這樣說從某種角度來看顯得很自私，但媽媽與我的關係即是如此，就像嘮叨與愛的大小成正比。雖然我沒有非常討厭媽媽的嘮叨，但有些時候媽媽的嘮叨就像是不肯定我。我只是希望偶爾媽媽能靜靜守護我就好。因為當我能被自己最信賴、最深愛的人肯定時，也最能發揮力量。尤其當那個人不是別人，而是我的媽媽時，就更是如此。

承認不是「錯了」，只是「不同」。

我希望盛裝在媽媽的嘮叨之中的愛，不只是父母對子女的單行道，而是能承認彼此的不同。

媽媽的嘮叨，對我來說就是如此矛盾。它同時蘊含了媽媽的心聲與盲目的愛。

媽媽的嘮叨既苦澀又甘甜；
媽媽的嘮叨既疼痛又溫暖；
媽媽的嘮叨既討厭又喜歡。

萬事問女兒

「我女兒知道的真是少之又少耶。」

「當作家的，怎麼什麼都不懂。」

碰到我做不到的事情，假如我表達「不然妳是想要我怎麼做嘛」，媽媽就會露出這種反應。我媽好像以為自己的女兒是什麼ＡＩ機器人或超能力者吧，期望我駕輕就熟地完成我能力不可及的一切事情。

我媽偶爾會忘記，無論是作家張海珠或女兒張海珠，終究只是個人。就連活的歲月比我多一倍的媽媽都做不到的事，我是有什麼能耐辦到？當媽媽想知道什麼事，我卻無法拿出完整回答時，我就會心想，難道我媽是那種炫耀型媽媽，明明別人也都能做到的事，但只要我女兒做了就會顯得多厲害、多了不起？還是媽媽真以為當作家的女兒無所不知，只要在旁邊按個按鈕，就會跑出一大堆重點情報？

我無法得知媽媽是抱持哪一種心態，只不過聽到媽媽說：「要是我女兒不知道，還會有誰知道？」時，真的也只能無奈苦笑。可能媽媽是以為女兒所知甚多，覺得女兒是「聰明」的代名詞吧。可惜我並不是媽媽所想的那種聰明女兒，反而有許多不足之處，需要比別人更加倍努力和學習。

作家這個職業，要學習了解、要鑽研的知識多到數不完。如果想撰寫某個題材的文章，從相關的資料調查到採訪，一切都必須涉獵才行，關於想寫的領域，我必須比專家更像專家。

我只不過是透過這種過程來寫文章並累積知識罷了，並不是打從出生就是什麼天才。也就是說，我只不過是為了在媽媽面前當個聰明出色的女兒，不斷地努力罷了，並不是什麼萬事通。

我想成為菁英型女兒、時時成為媽媽的驕傲如果能有這樣的女兒，媽媽一定會愛得不得了。或許是我的完美主義作祟，我也想在兩個弟弟面前成為不會犯錯、堅實可靠的姊姊，想在爸媽面前當個值得信賴的長女，而在自己面前，我想成為工作能力強的作家。

因此即便是小小的錯誤我也無法接受。我沒能告訴自己，失誤在所難免，為了撐過至今為止的種種困難過程，真是辛苦妳了。但我並不是說這一切都是媽媽的錯。而是從某一刻起，我產生了必須在媽媽面前當個「完美女兒」的壓力。

媽媽說的：「要是我女兒不知道還會有誰知道？」會不會其實是蘊含了單純想要依賴女兒的心。即便只是一件事，但由我女兒來說明，聽了就是比較開心，看到女兒懂得比媽媽多，內心也不由自主地驕傲起來。

儘管我也能理解媽媽的心情，但面對突然冒出來的小小提問，我還是免不了又緊張起來。

之前有一次，媽媽看到電視上出現一個新造語，於是打電話問我那是什麼意思，但我也是第一次聽到那個詞。「媽，妳等一下。」我一邊說，一邊快速在網路上搜尋之後告訴了媽媽。有時這樣的事一天會發生好幾次，所謂的媽媽就是這樣，明明自己從網路上就能查到的內容，卻非要打電話問女兒。

是因為深愛女兒，想要那份愛獲得確認嗎？

我媽對女兒的愛始終很獨特新奇，充滿個性，是其他人難以理解的形式。

因為深愛媽媽，因為想要確認那份愛，我對媽媽的愛始終是矛盾且尖銳的。一言以蔽之，就是「錯誤的愛」。

若要比喻這樣的媽媽與我，大概就像是水和油吧。
儘管絕對無法混合，仍不斷努力著，
想將彼此的香氣和紋路混在一起。
我們的愛，始終對彼此飢渴。

Part 4

別再把心意
只放在心裡了

媽媽的是媽媽的，我的是我的

不久前結婚的後輩邀請我去參加喬遷宴，那是個採用白色系裝潢，看起來跟後輩一樣端莊、井然有序的房子。

「原來妳是個善於打理家務的人啊，家裡布置得很簡潔漂亮耶。」聽到我一邊參觀一邊讚嘆，後輩露出笑容說：「就連我媽來了都大吃一驚呢，不過我媽同時也產生了背叛感。」

後輩的媽媽來到結婚的女兒家後，瞪著自己的女兒問她，到底為什麼婚前活得那麼邋遢，曾經還很擔心她婚後能不能打理好家務，沒想到自己徹底被騙了。

後輩看著媽媽如此回嘴：「畢竟那不是我的家務，而是媽媽的家務啊。」

不是我的，而是媽媽的。

長大成人，結婚或獨立後，最先改變的一個說法就是「我家」和「媽媽家」。一旦另外組成家庭，先前我出生長大的「家」就再也不是「我家」了。仔細想想，我和後輩也是半斤八兩，自從搬到外頭獨立後，我對生活的態度也有了一百八十度的轉變。

獨立後沒多久，媽媽來我家作客。她四處查看家中的每個角落，甚至還用指尖去撫摸餐桌或書桌，看灰塵有沒有擦乾淨。看到我的家整理得一塵不染，媽媽露出了不可置信的表情，氣沖沖的質問我明明都做得到，過去為什麼把房間弄得跟豬窩一樣，以前在那種房間怎能睡得著。

那次媽媽在我家做完詳細的檢查後，露出十分滿意的笑容說：「看來妳也長大了嘛，把家裡弄得很乾淨呢，我本來還擔心妳會弄得一團亂呢。」

「媽，我都會做的好不好，只是不做而已。」

我只是隨口這樣回，媽媽卻也露出遭到背叛的表情，問我之前是不是都故意在使喚她。

當身邊有媽媽或外婆時，打掃或洗衣服等家事就都與我無關，我從來沒親手洗過一隻襪子，衣櫃總是亂七八糟，化妝檯前有一片髮絲田。而替我那如豬窩的房間善後的，永遠是媽媽或外婆。我從來就沒想過這件事必須由我來做，因為我很理所當然地認為，媽媽或外婆會替我做。

媽媽或外婆當然總是氣急敗壞地從早唸到晚，像是真不曉得妳能不能結得了婚，當妳老公的人真是有夠不幸，哪有女孩子連打掃也不會，妳還能在這種房間寫出文章真是神奇。

面對媽媽與外婆的訓斥，我總是一派泰然，說以後我能過得很好。見到我這吊兒郎當的樣子，媽媽與外婆也只能連連搖頭，不知這個「以後」究竟是何年何月。

其實我並不是不會打掃或洗衣服，有一半是不想做、懶得做，另一半則是很安逸地認為就算我不做，也會有人替我清理——反正這裡沒有一樣東西是「我的」。不管擦到多窗明几淨，終究都「不屬於我」。

或許是因為我的潛意識中存有一種，總有一天會離開這個巢穴的心態吧。

當然也是因為無論我再怎麼費盡心思，也很少有令媽媽或外婆稱心如意的時候，她們總是不滿意，所以我向來只聽到「不能這樣」、「應該那樣」這種話。外婆現在也上了年紀，換作是以前啊，甚至我洗的碗都還得再重洗一次。

這種情況發生過幾次之後，我也就有所領悟並徹底死心了——就別為不是我的東西費盡心思，搞得自己壓力太大了吧。反正怎麼做都不行，乾脆放飛自我，什麼都別做了。

即便是母女之間，打理家務的風格也天差地遠。從喜歡的壁紙、地板顏色到家具的喜好、家中的氛圍，外婆和媽媽不同，媽媽和我不同，外婆和我也不同，非常涇渭分明。

就像去外婆家時會不自覺地喊出：「啊~是我外婆的味道！」媽媽家也會散發媽媽的味道。我也可以從媽媽打理的各種家務中立即感受到「李熙靜」這個人。

來我家玩的朋友們也是這麼說的：「這個家，就跟妳一樣。」

我的家和我很像，聽到這種話最能讓我的心情變好了。這句話所帶來的意義是，名為「我」的這個人找到了存在的理由。不單純是某人的女兒、孫女的感覺，純粹只是我自己。每當這種時候，我就會產生「搬出來住真是個明智決定」的念頭，還有，果然媽媽是媽媽、我是我。

我們是住在名為「家人」框架內的人，但身處同一個框架內，不代表全部都會「一樣」。我們不過是能以共處的空間與特定關係綁在一起，是「家人」這個共享某種條件的主題的成員罷了。我們是不同的。雖然「主題」相同，但「種類」不同，這就是我們的樣貌。

所以，我想藉此機會對媽媽說——

媽媽的女兒現在這樣就已經覺得很好了，也對現在的自己滿意得不得了，請為現在的我加油，肯定這樣的我吧！

我是媽媽獨一無二的女兒，
媽媽也是我獨一無二的媽媽，
這就是我們的樣貌。
就像現在這樣，以我們的方式去愛吧。

媽媽不是第一順位

有人面對的是考驗的傷口，有人面對的是現實的熾烈，還有人面對的是失敗的經驗，而讓人得以跨越這一切關卡的，或許是一縷美好的回憶。

像是在某個陽光明媚的日子一起走過的花路，或在我哭泣時溫暖摟住我肩膀的手，在疲累的上下班時間傳來的打氣訊息……日常瑣碎微小的記憶讓人得以活過今日，並期待起明日。

關於媽媽與我的記憶。我們的對話主要是回到過去，那並非是什麼讓人開心幸福的回憶，多半都是疼痛與酸楚。但我們的對話之所以仍停留在過去，是因為對媽媽和我來說，鮮少有什麼值得咀嚼的回憶。

想必原因並不只在於我和媽媽一起生活的時間很短暫，即使短暫也是能夠留下強烈的回憶。媽媽和我是因為各自的人生都過於忙碌，而且依然忙碌所致。

儘管媽媽會說我很忙，但反過來站在我的立場上，媽媽也總是在奔波。農忙期為了農活而無暇休息，就算是到了農閒期剛好有事來首爾，媽媽也總是到處跑來跑去，和好久沒見的老友敘舊，或去拜訪熟人。為了配合媽媽的時間，我經常必須硬擠出空檔，但媽媽給我的回答卻是——

「媽媽今天說好要去朋友家了，明天不行嗎？」

如果想要在媽媽說的「明天」排出時間，我同樣也必須修正所有的行程。如果表現出為難，媽媽又會說，「媽媽久久才上來一次，妳就連見個面這點小事也做不到嗎？」或是「別再裝忙了，妳到底是有多忙？」總是要我把已經談好的行程全部打亂，要承擔的風險並不小。

我們就這樣逐漸疏遠，時間也朝各自的方向流去。究竟是因為時間對不上，還是認為彼此沒有那麼重要呢？在這裡所說的不重要，是一種理所當然的意識，認為不是非得今天不可，反正下次還會有機會。

可是，沒有下次了。若是錯過這一刻，時間就再也不會復返，因為無法保證錯過的時間何時會到來。聽了或許教人膽戰心驚，但它有可能一輩子都不會到來。因為今天，是屬於今天的「日子」。

媽媽與我擦身而過的時間有多少呢？放掉好不容易找來的「今日」，用一句「下次」錯過的歲月又有多長？我們大把揮霍了珍貴的時光，因此我們剩下的始終只有「過去」。

然而，即便是在過去的某處，也沒有全然屬於我與媽媽的回憶。這彷彿一顆大石頭般沉重地壓在我心上，令我唏噓不已。所以每次我與跟媽媽同輩的熟人聚會時，我總會想起媽媽。

我到現在都還沒跟媽媽做過這種事呢……

說也奇怪，我和媽媽很少能搭得上時間，要是能一起聚聚應該很棒才是啊。

媽媽再婚後，我們居住的區域就遠了，分隔兩地的時間也更多了。我不是在責怪媽媽再婚或發牢騷，但內心有遺憾是不爭的事實。每當聽到朋友說，這次和媽媽兩人去國外旅行，週末和媽媽去爬山，去飯店度假，去哪裡的美食餐廳……聽到屬於母女倆的幸福時光時，我只能帶著平淡的表情說「一定很棒」，甚至有不少時候只能笑而不語。

我突然心想，說不定媽媽比我更期望有這樣的時光。

聽到女兒生氣說：「我好不容易才擠出時間，妳卻說要和朋友見面，是要叫我怎麼辦？」媽媽一定察覺到了，在女兒的所有時間表上頭，媽媽從來就不是第一順位，雖然女兒嘴上口口聲聲說是為了媽媽，但聽到媽媽和朋友有約時，內心卻鬆了口氣，心想著「我本來行程就很忙，真是幸好」。

這種心思也不是打從一開始就有的。碰到需要媽媽的日子，要求媽媽撥出時間時，我卻只能盯著媽媽說完「媽現在很忙，等一下再打給妳」就逕自掛斷電話的手機，獨自面對慌亂的情緒而垂下頭。

我們並未凝視彼此，就這樣一再錯過。只有在真正需要彼此時，才對不在彼此身旁的事實感到惋惜與哀傷。或許我，早已習慣了媽媽與我的這種關係。

媽媽與我是否早已停駐在過去的某個時間點？我希望能把已經生鏽、難以轉動的鏈條換新，想打造出齒輪嵌合得恰到好處、能運轉順暢的鐘錶。還有，我希望能活在現在，並帶著幸福的笑臉，以滿足的心情凝視彼此。

總會迎來那樣以明亮填滿彼此時光的日子吧？我開始細數起日子，期許往後我們不會只能談論過去，而是不時抽空，創造許多美麗且閃閃發亮的回憶。

媽媽，謝謝妳的寬容。

我會試著成為偶爾為了媽媽，無條件交付時間的溫暖女兒。

我也希望，媽媽能偶爾為了需要依靠媽媽的女兒，

給予我媽媽的「此時此刻」。

在我結婚前，

不久前，即將結婚的後輩回老家和父母同住了三個月。她說，快要結婚了，不知道何時還有機會能和父母吵吵鬧鬧地過日子。後輩做出這個決定可不容易，因為她甚至曾說過，自己和媽媽是死對頭。

儘管在腦中描繪和死對頭媽媽度過三個月的情景時，壓力也跟著排山倒海而來，但與其一輩子懊悔，不如這三個月就掉點頭髮、忍一下輕微的胃痛好了。後輩說，要是沒趁婚前和媽媽住在一起，恐怕自己臨死之前都會覺得愧對媽媽。

因為後輩的媽媽拚死拚活把撫養孩子長大，可是曾抱在懷中的孩子卻在二十歲成年時，就以上大學通勤很辛苦為由，飛也似的逃離了媽媽家。後來也總以工作很忙之類的理由不回老家，那時也覺得，反正多的是回老家的時間，卻作夢也沒想到，那個「隨時」會是即將結婚的現在。

仔細想想，我也是這樣。我從十七歲開始就沒有和媽媽住在一起。久而久之，我也認為這樣的生活沒什麼大不了的，甚至有時候還感到很自在，好像打從一開始日子就是這樣過的。

就這樣，我的願望清單中的第一項，猶如在無形中壽命已盡、閃爍不停的日光燈，一點一點變得模糊。

寫願望清單曾蔚為流行，像是死前必去的地點、必做的事、非見到不可的人等。我也曾有過那樣的願望清單，並從編號一開始逐步實踐。隨著年齡、隨著環境，還有隨著某種季節，願望清單會逐漸改變、修正，或增或減。儘管如此，即便歲月流逝，我願望清單的第一項始終是——

在我結婚前，

常見的母女照一張都沒有，也不曾母女倆一起去旅行，說不定就連一次好好的對話也鮮少有，所以我在寫下「在我結婚前」之後，寫了個逗點。我沒辦法明確地寫出「結婚前一定要這樣！」是因為想做的事情猶如成串的小香腸般，實在太多了，讓我想持續用逗號接著寫下去，而不是畫上句號。

我以逗號銜接起想和媽媽一起做的各種事情，像是外出回來後吃媽媽煮的飯，週末時把肚子貼在房間地板上，躺著和媽媽一起看那種不冷不熱的綜藝節目，沒完沒了地閒扯，不計形象地放聲大笑……

就這麼銜接無數個「逗號」，

，

，

，

去一次旅行、拍一張照片。像這樣儲存、積累特別的瞬間，時不時能取出來看也很好。我很希望能用媽媽填滿日常的一切。

雖然特別的事情也很珍貴，但我更想不斷延續日常的瑣碎，甚至到了要是我的日常少了媽媽就會感到非常奇怪的程度，要是有哪個部分去掉媽媽就說不過去，無論做什麼、看到什麼地方，沒有一處不是瀰漫與媽媽共度的香氣。

因此，我的願望清單第一項是——
在我結婚前，
和媽媽一起住一段時間。

光出一張嘴的愛

桌面上的兩杯咖啡，

長達一小時的通話，

三十六．五度的溫暖。

我深愛以咖啡為界，看著坐在對面的某人的笑臉；我深愛絮絮叨叨、嘰嘰喳喳地傳遞近況的日常告白；我深愛與痛得冰冷、不斷吐露疲憊的心分享溫暖。

我深愛的一切，置於媽媽之前的第一順位，總是優先於媽媽，從來不曾擺在媽媽的順序後頭的事情。桌上的兩杯咖啡前沒有媽媽，沒完沒了聊上一小時的通話主角也不是媽媽，就連我體內用來溫柔觸摸某人冰冷心臟的溫暖，也同樣不適用於媽媽。

是因為這樣，媽媽才想釋放自己極度的孤單、悲傷與心痛。而每一次，我還給媽媽的回答都是這樣的。

「女兒，媽媽有需要的東西……」

「知道了。媽，我會去打聽。」

說會去打聽，卻十之八九會拖一、兩個月。儘管如此，媽媽依然靜靜地等待，沒有半句怨言。

「女兒，方便跟媽媽通個電話嗎？忙嗎？」

「媽，是急事嗎？如果不是的話，我晚點再打給妳。」

有時「晚點」會直接變成一個禮拜。我忙著用我深愛的一切，填滿我無數的時光，它們都變成了無法留給媽媽，不，是「不願留給媽媽」的時間。

媽媽就這樣被洪流沖到後頭。世界上絕對不能沒有、非必要不可、只能待在我身邊的媽媽，卻如同褪色發白的底片般變淡變淺，逐漸模糊。媽媽不知道自己早已被女兒遺忘，一心盼著女兒能回頭看看自己，就這樣盼著又盼著。

有很長一段時間，我深愛的一切始終令媽媽孤單，令她心痛。我所深愛的一切，我所深愛的日子，對媽媽來說總像是苦澀至極的毒藥，只要舌尖稍微沾上，人就會立即倒下。

是從什麼時候開始的？那常見的愛之告白對媽媽再也不管用了。因為有時，即便我帶著全心全意對媽媽傾訴愛時，媽媽也完全不相信。

「媽，我愛妳～」

「只會出一張嘴。」

說不定媽媽的內心正在說著，要自己別受傷，別抱期待去奢望什麼，我女兒心中沒有媽媽的存在。媽媽說不定就是這樣一次又一次安撫自己柔軟的心。可即便如此，到最後媽媽又會告訴自己，只要我多愛一些就行了。

有人說過，就連吃什麼都算是運動的一部分，就連離別都是愛的一部分。對媽媽而言，等待是一種愛，付出是一種愛，默默守護亦然。

媽媽深愛的，
是張開雙臂、滿懷的溫暖。
是一句溫柔的話語。
還有……
我的女兒。

為什麼讓我女兒傷心？

已經一個禮拜聯繫不上外婆了。發生什麼事了嗎？是不是外婆哪裡不舒服，沒告訴我就去住院了？但腦中突然閃過這個念頭——要是外婆真有個三長兩短，我是不可能沒收到消息的。

到底為什麼聯繫不上呢？這種狀況還是頭一遭，但就在幾天後，我終於得知了事情的始末。

不久前，聽到媽媽的聲音有氣無力，眼力九百九十九段的外婆開始追根究底，最後媽媽終於向外婆傾吐了和我之間的衝突。

剛開始我實在無法理解，母女之間難免會吵架嘛，為什麼會變成迴避我電話的理由？後來我又得知了一件事，外婆不是「迴避」我電話，而是「拒接」。

又過了一兩天，我再次打給外婆。外婆終於以低沉的嗓音接起電話。

「柳女士，妳……還在生氣嗎？」

沉默幾秒後，外婆終於開口：「妳究竟為什麼要讓我女兒心痛？她雖然是妳媽，但在那之前她可是我女兒。」這就是外婆生氣的理由，是有人招惹自己女兒時，媽媽會有的心情。

「外婆，我錯了……我再也不會這樣了……」

聽到我的懺悔，外婆開始連同過去累積的不滿也一起傾倒而出，準備給我來記當頭棒喝。

「妳是有多了不起？妳這麼了不起，是誰把妳生下來的？如果妳是那種不懂得感激媽媽，對媽媽沒有愛的那種不孝孫女，不見也罷。」

外婆當時處於盛怒狀態，這十多分鐘的通話，我能做的就只有說「我錯了」。從一到十，從頭到尾，外婆說的一字一句都對，沒有半點是錯的。

外婆最後說的話也是如此，「臭丫頭，妳知道世界上什麼人最傷心難過嗎？就是沒有媽媽的人。」外婆侃侃談起自己的往事。外婆十一歲時，媽媽就因染上傷寒而離世，後來外婆經歷了韓戰，也因沒有媽媽而受盡委屈，人生如同落葉般四處漂泊。不知是否回想起往日情景，外婆說話時帶著滿滿的鼻音。外婆又問我，知不知道她最羨慕的人是誰。

「海珠，就是妳。」

看到我和媽媽能盡情吵鬧、嘰嘰喳喳的樣子，外婆說自己一點也不欣羨世上的任何富豪。看到媽媽和女兒的關係很好，而且那麼可愛的兩個人是我的女兒和孫女，外婆覺得自己真是個有福之人。

「雖然我一輩子沒有媽媽，但我的女兒有媽媽，而我孫女又有我女兒。真希望這份幸福能長長久久地維持下去。」外婆又說，「只要是女兒提出的要求，哪怕是天塌下來，自己也想為她做。看到女兒痛苦掙扎時，心裡怎麼會不難受？只能生氣地想到『別再欺負我女兒』！可是讓我寶貝女兒心痛的不是別人，正是自己的孫女，我心裡實在憋得要炸開了。」

在拒接我來電那些時刻，外婆腦中想的都是這些。要不要把這丫頭叫來臭罵一頓？但要是把孫女叫來罵，卻讓我女兒更心痛怎麼辦？外婆說自己從頭到尾都在想要怎麼安撫女兒受傷的心。

媽媽也是很珍貴的女兒，對我外婆來說。見到自己的女兒為某人心痛，就算那個人是為她付出一切也在所不惜的寶貝孫女，也變得面目可憎。

說了一大串話後，外婆最後再次強調：「海珠！要是妳弄哭了我女兒，或讓她心痛，妳就什麼都別想拿到！」

我的外婆切切實實讓我明白，我的媽媽，也有個愛她入骨的媽媽。媽媽每次總半開玩笑地說：「我也有媽媽的，妳可別太囂張！」直到那一刻，我才體會到那是真的。

過去曾聽過一句話：「有父母對子女的愛，卻沒有子女對父母的愛。」這話說得沒錯。

有件事我確實明白了，哪怕子女比不上父母無私奉獻的愛，但媽媽也是別人的女兒。要是令我媽媽心痛，媽媽的媽媽就會給我下馬威，讓我吃不完兜著走。

媽，我好像沒辦法像外婆愛妳那樣地愛妳，
我好像也沒辦法像媽愛我那樣地愛妳。
不過，就算是這樣，
我也深愛著媽媽，比這世界上的任何人都更愛妳。
我希望妳能明白，我不會再隨便對待妳。
媽媽對外婆來說是珍貴的女兒，
更是我在這世上獨一無二，用任何東西都換不來的，
珍貴的媽媽。

修復我的心的魔法

因為心已潰不成軍，每天痛苦到不行，於是我緊緊抓著無處宣洩的心情獨自呻吟。直到實在是不知如何是好，覺得再這麼下去自己真的就要死了，我終於打了通電話給媽媽。

「媽，我的心好痛，好累，覺得自己快死了。」

「為什麼突然這麼難過呢？」

「不知道，就覺得好累，也不知道自己為什麼累，胸口好悶。」

經過短暫的沉默，媽媽喃喃自語。

「我女兒病了呢……」

幾天後，我收到快遞通知的簡訊，打開大門，看到有一箱水蜜桃擺在我面前。原來是媽媽寄來的。我心想著，打開了箱子，這時手機鈴聲正好響了起來。

「女兒！收到水蜜桃了吧？」
「哦，是不是寄錯了啊？」
很諷刺的，身為果農家的女兒，卻有著不能吃自家商品水果的潛規則，我從沒吃過自家種的水蜜桃，看到飽滿鬆軟的果實，自然感到狐疑了。
「我們女兒也得吃看看這種東西啊，媽媽特地挑了又大又漂亮的給妳。」
「怎麼不拿去賣呢……」
「媽媽在想，是不是每次都只挑醜的水果給女兒吃，所以她的心才生了病啊。吃完之後趕快好起來吧，別難過了，女兒。」
聽著媽媽的聲音，再靜靜看著水蜜桃，我的淚水立刻撲簌簌地掉了下來。真的完全沒想到這會是媽媽送給我的禮物。這要比一百句安慰更感人更深刻，彷彿媽媽此時正屈膝坐在我身旁，用她粗糙的手輕輕撫摸我的背部。要吃哪些水果，我女兒的心才會痊癒呢？變漂亮吧、變漂亮吧，媽媽一定是盼著，女兒吃下漂亮好看的水果之後，心也會像它們一樣變漂亮吧。

想著媽媽在水蜜桃樹之間走來走去、挑選果實的模樣，嘰咿嘰咿，一陣陣濃烈回音從內心深處擴散開來。

我用手背抹去淚水，拿出一顆水蜜桃洗淨後切開來，香甜鬆軟的汁液香氣剎時撲鼻而來，輕輕落在深陷的心坑內，鼓舞了我。

一口、兩口、三口……吃完一顆水蜜桃後，我又削了一顆。就在快吃完時，一顆溫暖寬容的心溫柔地撫觸了我的傷口。

現在的痛是人之常情，不是哪裡出了問題。人生在世本來就會跌倒，也會膝蓋破皮。活著本身就是值得拍手喝采的事。因此，別為了避免失去什麼而戰戰兢兢，白白失去了現在。無論是過去的妳、現在的妳、未來的妳都是很不錯的。

一切都會好轉的某種盼望，是因為有媽媽在才變得安心；能夠百分之百仰賴的某種深信，也開始泉湧溢出。

就這樣，扭曲醜陋、有稜有角的心，在無形中一點一點被打磨得渾圓鬆軟，成了漂亮的形狀。像水蜜桃一樣變得甘甜，像水蜜桃一樣化為愛心。

媽！妳有看到我的心嗎？
它又再次變漂亮啦～

離別，要從現在開始準備

在康乃馨照片的下方寫著：「今天格外思念媽媽，想見媽媽，所以心好痛。」

在瀏覽親朋好友的SNS時，因為一張沉重敲擊左心室的照片和字句，隨著畫面流動的目光也頓時停了下來。

這位友人的母親在十多年前回到了上帝的懷抱。每年遇上父母節時，友人就會因憶起已經去了天上的媽媽而心痛。

媽媽臥病在床時，原以為自己已做好送走媽媽的心理準備，但就在媽媽臨終前才明白，原來自己做好的並不是準備，只是緊緊抓著徒勞無謂的心罷了。媽媽離世後留下的空缺，使友人的心始終冰涼，深深覺得自己也會就此變成一座僵硬的石像。

儘管只在多年前見過一次，但在我記憶中，友人的母親是個外表看來粗枝大葉，內心卻充滿溫情的人。

深夜，見到么女帶客人回來，她眉頭也沒皺一下，立刻煮了頓熱呼呼的飯菜招待。記得那時我快速扒完伯母煮的一碗熱騰騰的米飯後，拍著吃撐的肚皮，舒適地進入夢鄉。當時深受失眠所苦、難以入睡的我彷彿收到了最棒的禮物，久違地睡了一場香甜深沉的好覺。

有時會碰上自己被丟入世界的汪洋，一下被洶湧的波濤纏住，一下又被捲入，全身血液跟著冷卻凍僵的時候。碰到這種日子，夜裡必然會輾轉難眠。每當那時，我就會回想起昔日在友人母親家中度過的那一天。那天的溫暖沿著冰冷的血管緩緩擴散，流到了腹部下方，溫暖了全身。

才那麼一天，就足以化為深厚的情意，讓我牢牢記住一輩子了，更何況是朋友。無論回顧的是哪一幅人生畫面，都會充滿媽媽的溫暖吧。

那晚看到友人的康乃馨照片，我驀然思索起關於媽媽的死，媽媽與這世界徹底離別的瞬間。一想到這裡，淚水突然奪眶而出，難以言喻的傷痛開始重壓我的心臟。光是想像就帶來如此椎心蝕骨的痛。若在這世上失去媽媽，無法看著媽媽、呼喊媽媽，無論去哪都找不到名為媽媽的存在。太淒涼了……

媽媽留給我如此疼痛且濃烈的悲傷，那天，我只能淒楚地仰頭望著銀白的月亮，徹夜看著月升月落。那夜，銀白月亮在我心上狠狠劃過的那段時光，我突然想起媽媽經常說的話。

「臭丫頭，趁媽媽還在時孝順點，以後要是我死了，妳再怎麼哭哭啼啼也沒用了。」

難怪當時的媽媽看起來莫名憂傷，我怎麼會直到現在才看見那張臉？以為媽媽隨時會在我身邊的錯覺，讓我一直以為，媽媽在我身旁永遠缺席，是是很遙遠的未來。

然而，從媽媽一年要比一年縮水的身形，從眼角和嘴角上頭逐漸增加的皺紋，從原本摟抱時感覺很豐腴，卻在不知不覺中小到能輕鬆圈住的身材，在我身旁的媽媽似乎磨損得越來越嚴重了，猶如從指縫間迅速流掉的細沙。我的心焦急得快要乾枯，要是再這麼下去，媽媽的身影就會逐漸模糊到我看不見，怎麼辦？要是就此錯過了媽媽該怎麼辦？若是那樣的事真的渾然未覺地發生了，我又該如何是好？

彷彿被遺棄在宇宙某處的絕望感。
讓我決定從現在開始，有條不紊地做準備。
為了與媽媽的離別，
不留遺憾地，好好說再見。
只留下美好，不留下悔恨的汙漬。
讓我到死之前，都能時不時把對媽媽的回憶取出享用。
既不孤單，也不悲傷，
一輩子，感激很久很久，
就這樣，溫暖地說再見。

寫給媽媽的情書

約莫是小學五年級左右吧，我在父母節時製作了漂亮的康乃馨花朵，用歪七扭八的字體，很有誠意地一筆一畫寫下給媽媽的信。而就在進入青春期之後，親手寫信給媽媽就此停擺。或許是因為手機從那時開始問世，有了簡訊這個比信件更便利的管道吧。

我好像就是從那時開始慢慢地封藏，再也不會用手寫信或音訊檔，將我的內心話或情緒原封不動地傳達出來。我再也感受不到收到貼有郵票的信封袋時的悸動，也無法從音訊檔內顫抖的聲音，感覺到對方有多真誠。或許就是這樣，久而久之，對情感的表達也更加生疏了。在文明的蓬勃發展下，便利的生活過久了，老是忘了傳達情感的方法，彷彿成了不懂情感的呆子。

明明比起一百句話語，有時從一張寫了又塗掉數十次的信紙上頭，從非常緊張害怕，卻又想以自己的聲音傳達內心的勇氣中，更能感受到真心啊。

這是我與媽媽冷戰的第七十二天。

剛開始我很難接受媽媽和我演變到如此地步，我難以理解，也感到很無奈。這件事有需要糾結這麼久嗎？我滿心惆悵，也很難過，感覺自己像一隻被拋棄的街貓。

雖然我也可以不做多想地去探望媽媽，恐懼感卻總是搶在前頭——

要是媽媽讓我吃閉門羹怎麼辦？

當然我心知肚明媽媽是不會那樣做的。這彷彿是封鎖帶來的某種負面力量，與媽媽之間又多出了一道牆。再說，以我現在的心情去找媽媽，也很可能只會導致情況更加惡化。因為我並不是帶著真心想和媽媽好好道歉，而且比起對媽媽的歉意，我受傷的心更重要。

我很希望能早日為這狀況畫下句點，少為這件事費心，但這只是在逃避罷了。不帶一絲真心、沒有誠意的道歉，媽媽是不可能看不出來的。我到底該怎麼做？花了好幾天的時間想了又想，最後終於想到了——寫信。

我在書桌前翻找，發現了不知道何時買的信紙和信封袋。在書桌上攤開信紙，提起筆，可是實際面對眼前的白紙卻感到一陣茫然，不知該從何處下手才好。我應該先不由分說的第一句就先說對不起嗎？還是像個不懂事的女兒般撒嬌？這輩子我都沒在撒嬌的耶。我的太陽穴開始變沉重，而且隱隱抽痛。沒想到寫信居然是這麼難的事。

我死死盯著信紙約莫三十多分鐘吧，最後還是把信紙摺起收好了，內心五味雜陳。在媽媽面前，到底有什麼好扭扭捏捏、有什麼好小題大作？只要坦率地用字句把我的心情寫下來就行了啊。沒想到這並不如我想得容易。

又不是要寫情書給戀人。不，寫情書或許還容易些，只要用滿滿的愛意填滿就行了。這在本質上就和寫給戀人的情書是不同的。

就這樣又過了幾天，我的信紙依然處於白紙狀態，相較於不久前，情況沒有半步進展。無法書寫成信的心情，這令人鬱悶的狀況……到底問題出在哪？

答案很簡單，因為我依然無法接納、理解「媽媽的現在」。情緒沉澱下來，我將時間倒轉，回到與媽媽斷絕聯繫前，比那更早之前的時間。從許久許久以前，媽媽的心就是這樣的。

「我生病啦，來慰問一下吧！我對子女的不滿也多著呢！」傷口不斷累積的心情，我看見、聽見，也感覺到了。我認為只有我受了委屈，以為只有我傷心難過，只有我是孤單難受的。但那是我的錯覺。媽媽的心也在痛，我的媽媽也和我一樣孤單、哀傷。

原來，我的心情就等於媽媽的心情啊。

那天晚上，我再次攤開信紙，今天似乎能寫出給媽媽的情書了。

媽媽，我們從現在才要開始，
所以沒關係的，**that's ok!**

媽媽，我永遠的英雄

超人、鋼鐵人、蝙蝠俠、超人……今天，各路英雄也在自己被賦予的鏡頭與播映時間內，忙碌地守護地球。在無數英雄之中，我心目中有個首屈一指的超級英雄。我永遠不變的一號英雄，始終是媽媽。

那天，媽媽從生父那裡找回我和弟弟那天，準確來說是把自己被奪走的孩子接回去的日子。在媽媽來帶我們之前，我和弟弟每晚都躲在棉被裡，把「媽媽」二字當成咒語般低聲覆誦。

媽媽，我們在等妳。

媽媽，妳沒有忘了我們吧？

媽媽，妳什麼時候來？

媽媽，拜託來這裡把我們帶走。

媽媽、媽媽、媽媽，就這樣不停複誦……

是否感受到孩子苦苦呼喚媽媽的迫切心情，某天就像作夢似的，媽媽真的出現在我面前了。媽媽在堅決表示絕對不交出孩子的前夫面前，吐出彷彿賭上性命的最後咆哮，說自己就算死，也要死在自己的孩子身邊。

懷著再也不能見到孩子的心情，媽媽每天都過著地獄般的人生，她再也無法承受失去活蹦亂跳的孩子們的那種絕望感。

而當時的媽媽，對我來說猶如生命之光，以那般姿態留存至今。媽媽曾經是那樣的存在，經歷歲月洗禮後的此刻，卻變了好多好多。媽媽忙著看自己拚命找回的孩子的眼色，也多了許多只因孩子的一句話而偷偷拭淚的時橫。是什麼讓媽媽變了這麼多？

一定是得以和媽媽團聚的孩子們，隨著時間遺忘了「那一刻」吧。他們的心情從感謝轉為埋怨，而埋怨又日積月累，使得猶如刀刃般的箭深深刺進了媽媽的心臟。

媽媽的時間，媽媽獨一無二的心臟，就這樣慢慢冷卻，變得冰冷。碰到子女以刀子割傷媽媽心臟、啃咬媽媽胸口的日子，媽媽是否以自己獨有的方式昇華了那些傷痛？告訴自己要心存感謝，即便遇上能力不足的父母，幸好我的孩子好好地長大，沒有誤入歧途；告訴自己沒有替孩子做什麼，就別再對他們奢望更多；告訴自己只要能如願待在孩子身邊便足矣，我是個幸福的人了。

那天也是如此。

「女兒，對不起，媽媽真的太對不起我女兒了。」媽媽沒頭沒尾地，反覆說著對不起的淒涼告白。

在那之前，我彷彿半發瘋般失控地破口大罵，質問媽媽為什麼丟下我不管，到底為什麼不照顧我，早知如此，那天就不該帶我回來。

面對媽媽的對不起，我不由得肅然，左心房猶如針扎般刺痛。心好痛，什麼話都說不出來。

「媽媽真的很對不起妳，女兒……媽媽只是以為我的女兒很堅強，覺得她好好長大了……卻不知道妳的內心早已潰爛……」唯有星光靜靜俯瞰媽媽的那個夜晚，媽媽無力地坐在庭院中央，就這麼抓著彷彿撕裂的心臟痛哭了一場。

也不知道過了多久，我只是靜靜豎起耳朵，傾聽媽媽的哭聲直至夜深。因為現在我能做的，就只有這樣了。

「媽，妳知道嗎？」

「什麼……」

「媽是我的英雄。」

「英、雄？」

「嗯，英雄，媽媽在我心目中是英雄，一直都是。」

媽媽拋下了人生，守護了我的生活。媽媽用恐懼換來的，是以光芒注滿了我那黑暗的時間。為了讓我得以在那光芒底下活下去，我的媽媽守護我至今，就像大聲咆哮那天的媽媽，那樣守護我。

只要是讓我孩子受傷，不管那人是誰，媽媽都會狠咬對方。媽媽帶著祈求讓失眠而徹夜無法入睡的女兒，今天能進入深沉的夢鄉，因此只要有助於睡眠的，就全替女兒張羅好。因為不知道該如何安慰女兒的心，想必媽媽只能雙手緊握，無可奈何地望著四處漂泊的女兒的背影，著急得直跺腳，卻無法伸手去抓住女兒吧。

超級英雄的角色，是要在有限的時間內拯救人類不受邪惡迫害，而今天，他也依然守護著地球。今天，我的媽媽也在自己被賦予的時間內守護著我，絕不退縮。

直到「媽媽」這個名字了卻責任的那天，
媽媽是不會停止的，
絕對！

給三十歲的熙靜小姐

《希望媽媽也能好好愛自己》出版一週年，收到令人欣喜的消息。出版社以「Love Edition」為主題重新設計封面，並製作了活動附錄。我瀏覽著每對母女間一問一答的Q&A附錄，一個觸動內心的提問突然映入眼簾：

「Q：如果能遇見和自己相同年紀的媽媽，會想跟她說什麼呢？」

假如能遇見與我相同年紀的媽媽。瞬間，我的心臟悶得發痛。遇見當時的媽媽，我能跟那時的媽媽說什麼呢？三十代的媽媽，與我相同年紀的媽媽的模樣。我試著閉上眼睛，靜靜想像那時的媽媽。

媽媽的那個年代，和現在的我身處的環境截然不同。相較於能夠把人生打造得堅實飽滿的我，那並不是能追尋並逐一實踐夢想、修築閃耀之路的三十代。在那之中，只剩下沒有半點退路，必須以身體抵擋現實轟炸的李熙靜。

媽媽的三十代，是一段患上心病的時期。或許當年的媽媽對於到來的每一天是畏懼、害怕的。面對無人保護自己的世界，現實又是這般淒涼，或許關於到來的明日，媽媽只當是萬劫不復的深淵。無論是身為女人，身為人，身為媽媽，基於想否定一切的心情，或許媽媽始終用慌亂的眼神面對那崩塌的時間。

活過、走過那樣的三十代，每一刻、每小時、每天，媽媽是帶著什麼想法活下來的？她是用什麼心情看待自己的人生？可曾在某一天，因懊悔與悔恨如潮水般襲來而痛苦煎熬？可曾在深夜裡，獨自蜷縮在角落傷心垂淚？

想到這裡，不禁想給那樣的媽媽一個擁抱。就這樣一句話也不說，靜靜地拍拍她的背。我想將那柔弱雙肩上的無數包袱卸下，將媽媽擁入懷中。還有，我想貼在媽媽的耳畔，輕輕地、靜靜地訴說：

三十代的熙靜小姐，妳知道自己真的很努力活著嗎？

妳問我怎麼知道？這可是祕密呢～因為我可是來自未來喲。

在我生活的未來，妳的年紀是六年級中段班了，我是六年級的熙靜小姐唯一的女兒。

我之所以跨越遙遠時空來找妳，是的，是因為我有話要對妳說。

因為要是現在不說，就絕對說不出口了。

三十代的熙靜小姐，覺得現在活得很辛苦吧？感覺自己的膝蓋就要斷了，胳膊也要被壓彎了吧。

可是啊，即便在那無數苦難的時間裡，妳也沒有放棄；即便在彷彿沉浸在痛苦之中的人生，妳也一次都沒有屈服。妳沒有被擊敗，就這樣一步又一步勤奮地走著。

妳並不像電視劇或電影中的主角，無論面對什麼難題也不屈服，或具備一次就能戰勝環境的力量，妳會有累得癱坐在地的時候，會有生病落淚的時候，也會有孤單得不知該拿那種心情如何是好，只能以一杯燒酒澆愁的時候。妳就只是，無論在哪裡都可能會擦身而過的普通人。

儘管如此，妳仍靠自己的一雙腿，十分堅定地走在崎嶇不平的人生路上。

很悲涼呢？才不呢，一點也不。很厭煩嗎？真的真的一點也不。說來也稀罕，完全不會。在那嬌弱的身軀內，卻能夠產生如此強韌的威力。妳是讓人想一直一直、聚精會神地、一看再看的那種人。

請好好地撐過現在吧。

過了今日，明日就會好一些。

我知道的，妳的人生會慢慢變成那個樣子。

儘管走得緩、走得慢，卻一步又一步，打造出越來越好的時光。

我，妳的女兒，在此保證。

請務必好好活下去。
我們必然會再次相見。
在那裡，在未來……
我們會看著彼此，笑得十分開懷。
在某個涼風徐徐的日子，
在妳喜歡的那個春意盎然的庭院裡，我們見面吧。
我會等妳的，熙靜小姐，
一如往常。

後記　不曾跟媽媽說的那些事

剛開始寫這篇文章時的心情是這樣的，我想將過去想對媽媽說卻沒有說的無數故事說給媽媽聽。關於媽媽無從得知，又或是我無法說出口、囚禁於我內心的那些故事，我想解放它們。

但我的內心五味雜陳，因為實在太多了，而且從來沒有好好取出來過。到底該解開什麼，又該以何種方式，讓我苦惱了許久。儘管打開了筆電，黑色的游標在白色的文書檔案中閃爍不停，我卻連一個字都寫不出來。

我闔上筆電，閉上雙眼，決定先冷靜地轉上我過往時間的發條。這時，在往前延展的長路上，處處能看見我佇立的身影。

相較於美好的模樣，過去我有許多辛酸心痛的日子，也為了承受那些，幼小的心靈傷痕累累。在那樣的生活中，我彷彿不停在跑一場看不見終點線的馬拉松。過往的種種時期並非只是燦爛奪目，並非只是美不勝收，並非只是熠熠閃亮。

我開始感到好奇。在媽媽的眼中，女兒的人生又是什麼樣子？我的媽媽，是以什麼目光在注視女兒的人生？

或許媽媽和我無法產生交集的各種點，是因為看待彼此人生的視線不同。那裡有著媽媽想都沒想過的女兒的人生，她難以理解，也難以接受。

所以，我開始平心靜氣地寫下這樣的故事，好讓媽媽能聽見她所不知道的故事。

以為是我的媽媽，就會百分百懂得身為女兒的我，這是一種誤解；以為是我生的孩子，我就能比任何人都了解我的女兒，這是一種錯覺。我盼著，我們不會受困於迷霧之中，以灰濛濛的視線凝望彼此，並懷抱著媽媽能好好看著我的期待。

也盼著，我同樣能以正直不偏頗的目光與媽媽對視，而不是套用誤解的濾鏡。

媽，我把我的人生平靜地寫下來，希望這些時光能傳達到妳身上。這篇文章蘊含了在那些日子，我希望告訴媽媽，妳的女兒是什麼樣的人的盼望。

那時，我很好奇我的人生在媽媽眼中看起來如何，也很希望媽媽能用我想要的眼光看待我，希望媽媽能深入窺探我的內心。或許該說是，向媽媽好好介紹自己。

媽媽讀這篇文章時的表情如何，窺視過去不知道的女兒人生，媽媽的心情又是如何，我的內心既感到期待，另一方面卻又緊張、顫抖不已。

媽，我啊，往後好像也不太可能搖身一變，就成為會對媽媽更孝順的那種女兒。不過，我好像可以一天比一天更愛媽媽，這點我非常非常肯定，千真萬確。因此，我們一起白頭偕老吧！

好好吃，好好活吧！一起幸福吧！

親愛的媽媽，謝謝妳讓我學會正視人生的眼光。
感謝妳讓我懂得去愛、擁抱我過往的人生。
妳讓我懂得溫暖、溫柔地對待我走過的所有時光，
我多慶幸，能夠遇見媽媽。

今天也對媽媽發火了／張海珠（장해주）著. 簡郁璇 譯. -- 初版. – 臺北市：時報文化，2023.11；
208 面；14.8╳21 公分. --（LOVE；051）
譯自：오늘도 엄마에게 화를 내고 말았다
ISBN 978-626-374-392-2（平裝）

1.CST: 母親 2.CST: 親子關係

544.141 112015937

ISBN 978-626-374-392-2
Printed in Taiwan.

LOVE 051
今天也對媽媽發火了

오늘도 엄마에게 화를 내고 말았다

作者 張海珠｜**譯者** 簡郁璇｜**主編** 尹蘊雯｜ **執行企畫** 吳美瑤｜**封面設計** 蕭旭芳｜**副總編** 邱憶伶｜**董事長** 趙政岷｜**出版者** 時報文化出版企業股份有限公司 108019 臺北市和平西路三段240號 3 樓 發行專線—（02）2306-6842 讀者服務專線—0800-231-705．（02）2304-7103 讀者服務傳真—（02）2304-6858 郵撥—19344724 時報文化出版公司 信箱—10899臺北華江橋郵局第 99 信箱 時報悅讀網—www.readingtimes.com.tw 電子郵件信箱—newlife@readingtimes.com.tw 時報出版愛讀者—www.facebook.com/readingtimes.2 ｜ **法律顧問** 理律法律事務所 陳長文律師、李念祖律師 ｜**印刷** 紘億印刷有限公司 ｜ **初版一刷** 2023年 11 月17 日 ｜ **定價** 新臺幣 380元 ｜（缺頁或破損的書，請寄回更換）

時報文化出版公司成立於1975年，1999年股票上櫃公開發行，2008年脫離中時集團非屬旺中，
以「尊重智慧與創意的文化事業」為信念。